MARLÈNE
La femme de ma vie

LOUIS BOZON

MARLÈNE

La femme de ma vie

MICHEL LAFON

Directeur de collection
Jacques Pessis

VINGT-CINQ ANS DE PARTAGE

J'ai ôté de mon trousseau la clé du 12, avenue Montaigne. La clé de l'appartement de Marlène Dietrich. Aujourd'hui, c'est fini, une page est tournée, la locataire a plié bagage. Pourtant, je ne parviens pas à jeter dans un tiroir ce qui a été et reste à mes yeux la marque d'un immense privilège mais aussi d'une lourde responsabilité, assumée pendant presque trois décennies.

Marlène m'avait donné cette clé peu de temps après notre première rencontre. Rares sont ceux à qui elle témoignait une telle confiance. On sait avec quel acharnement elle défendait son intimité. Cette faveur, Marlène me l'avait octroyée sans me la faire prendre pour telle, l'air de rien, en me disant simplement :

— Vous êtes mon ami, vous pouvez venir quand vous voulez.

Évidemment, j'avais compris qu'elle aurait pu ajouter : « Mais arrangez-vous pour que cela ne se produise pas. » Aussi me suis-je rarement servi de ce sésame à l'improviste. On n'abuse pas d'une amitié. Une fois ou deux pourtant, alerté par un silence prolongé de Marlène — en temps normal, elle pouvait m'appeler jusqu'à vingt fois par jour —, je suis entré subrepticement dans son appartement, pour la trouver paisiblement endormie dans son lit.

Marlène m'a choisi. Pendant presque trente ans, j'ai partagé la vie d'une « légende du septième art ». Je le dis avec d'autant moins d'orgueil que je dois peut-être cet honneur et cette fidélité à une certaine soumission ou, si l'on préfère, à ma faculté d'éluder les conflits. Mais quelle joie, quelles surprises ! Marlène star et Marlène popote, me faisant acheter cinquante paires de bottes chez le plus grand chausseur parisien mais reprisant de vieux coussins hors d'usage ; Marlène dérangeant la reine d'Angleterre pour faire anoblir David Niven dans les plus brefs délais ; Marlène me préparant de fabuleux petits plats et me servant à table, puis devenant tout à coup capricieuse, entêtée, agressive, avant de me supplier lettre après lettre de ne plus bouder. Marlène inattendue, cocasse, au jour le jour, avec ses grands défauts et ses immenses qualités, ses confidences d'amour à mi-mot, à mi-voix, cette voix dont elle jouait si bien... Marlène tour à tour généreuse et mesquine, aussi rigoureuse que soudain de mauvaise foi, jamais pusillanime, toujours exceptionnelle, hors du commun, même par-delà le mythe...

Quelle fut exactement ma relation avec elle ? Étais-je un simple exécuteur des basses besognes, comme il m'arrivait parfois de le penser, ou bien « son sauveur », comme elle m'appelait, ou encore un confident discret ? J'espère que j'étais devenu davantage.

Marlène était une femme exigeante et cette

amitié qu'elle m'offrait m'a parfois paru aussi pesante qu'enrichissante. Pourtant, je peux compter sur les doigts d'une main les fois où je n'ai pas répondu présent à ses appels, et c'est sans doute l'amère ironie du destin qui a fait que je me suis trouvé à plusieurs milliers de kilomètres de Paris au moment de sa mort.

Amitié douloureuse aussi car la Marlène que j'ai connue — et la seule dont je puisse honnêtement parler — a croisé mon chemin à un moment où l'on sentait décliner sa gloire, ou tout au moins sa capacité à en jouir.

J'ai passé des soirées innombrables en sa compagnie. Nous sortions ensemble, nous riions ensemble. Les derniers temps, je m'asseyais sur le bord de son lit, dans cette chambre qu'elle ne quittait plus. Je me suis efforcé de répondre à ses demandes, je lui ai tenu compagnie. Pendant presque trente ans, j'ai écouté ses appels sur mon répondeur, avec sa voix tour à tour mordante et enjôleuse. Pendant presque trente ans, j'ai trouvé dans ma boîte à lettres ces enveloppes bleues sur lesquelles elle écrivait mon adresse en grosses lettres capitales, au marqueur noir, de cette écriture large et agressive — signe d'une « volonté farouche », m'avait dit un graphologue —, devenue pour moi si familière.

Car il s'agit bien de vie quotidienne, avec ses répétitions, ses difficultés, voire ses mesquineries. Notre relation, quelle qu'elle fût, reposait avant tout sur la confiance. Comment n'éprouverais-je pas aujourd'hui l'impression de trahir celle-ci ? Comment me persuader que Marlène aurait accepté de me voir dévoiler ainsi sa vie privée, intime ? Je crains déjà de l'entendre me reprocher : « Louis, comment avez-vous pu ? »

Pourtant, elle m'avait fait elle-même cadeau de ses confidences en m'offrant sa dernière interview, un long entretien que le lecteur trouvera éparpillé dans les pages qui suivent. Mais Marlène ne pouvait pas, évidemment, me livrer sur elle le regard d'un témoin.

Ce témoin, ce fut moi. Et si je me décide aujourd'hui à révéler ici les bribes de cette existence qu'elle avait toujours voulu protégée et qui finit par être recluse — mot qui me déplaît mais qu'il faut bien se résoudre à employer —, c'est peut-être parce que j'aimerais présenter à ceux qui admirent le mythe un autre visage de Marlène. Non pas celui de l'idole modelée par le génie et les fantasmes d'un Sternberg, ni celui déifié par le « star-system », mais le portrait d'une femme exemplaire. Sublime, toujours, mais terriblement humaine.

Louis BOZON.

CHAPITRE 1

NE ME PARLEZ PAS DE L'ANGE BLEU !

Ma rencontre avec Marlène Dietrich est due, comme souvent dans la vie, au hasard. A une chance qui ne m'en paraissait pas une au départ. D'ailleurs, était-ce seulement de la chance ? Aujourd'hui encore, je n'en suis pas persuadé.

J'étais alors un animateur-journaliste presque débutant à Radio France. Le comédien Sacha Briquet, un ami de longue date, fréquentait Marlène Dietrich depuis quelques années. Elle appréciait sa compagnie, car il savait la faire rire, ce qui a toujours été un gage de succès auprès des femmes, et auprès de Marlène en particulier. Un jour — nous sommes au milieu des années soixante —, je dînais avec Sacha Briquet lorsque celui-ci m'annonça généreusement :

— Je te ferai bientôt un très beau cadeau. Je te présenterai à Marlène Dietrich !

Il s'attendait sans doute à me voir sauter au plafond. Il m'offrait la Lola-Lola de *l'Ange Bleu*, l'Impératrice rouge, l'égérie du génial Joseph « von » Sternberg, le mythe hollywoodien incarné, celle dont Cocteau disait : « Son nom commence par une caresse et finit sur un coup de cravache. » Briquet fut sans doute déçu par mon air vaguement désintéressé :

— Bah ! Pourquoi pas ?

La vérité, c'est que Marlène Dietrich n'était pas mon idéal d'actrice. Je l'avais toujours trouvée trop lointaine, presque abstraite.

— Je préfère Garbo, répondis-je avec un brin de forfanterie. Mais faute de Greta, va pour Marlène...

Briquet se chargea d'organiser la rencontre. Au jour dit, je me rendis avec lui au 12 de l'avenue Montaigne. Nous devions passer prendre Mme Dietrich à sept heures précises. Cela me paraissait un peu tôt pour aller au restaurant mais je devais apprendre par la suite que c'était pour Marlène l'heure habituelle du dîner, ce qui à Paris n'allait pas sans poser quelques problèmes.

Marlène habitait au quatrième étage. En sortant de la cabine d'ascenseur, nous nous sommes trouvés nez à nez avec elle. Elle était là, un manteau de fourrure de Dior sur les épaules, des petits escarpins de Chanel... et un marteau à la main, avec lequel elle tapait furieusement sur la tranche de sa porte à double vantail. Les présentations se trouvèrent écourtées par cette situation incongrue.

— Bonjour, madame, lui dis-je. Je peux vous aider ?

— Ma porte de gauche ne ferme plus.

Je lui pris le marteau des mains et donnai un grand coup sur la serrure. Riche idée...

— Madame, j'ai peur d'avoir condamné définitivement le battant gauche. Autrement dit, vous ne pourrez plus jamais faire entrer de piano chez vous...

— Aucune importance ! répondit-elle d'une voix blasée. J'en ai déjà deux dans mon salon. Quand je chante en Allemagne de l'Est, je me fais payer en pianos à queue puisque je ne peux pas sortir d'argent...

Nous sommes descendus. Dans la voiture, que je conduisais, nous avons échangé quelques banalités avant d'arriver chez Proust, un restaurant tenu par Lamazère. Toujours très au fait des derniers engouements parisiens, Briquet considérait que c'était alors l'endroit où il fallait se rendre pour déguster une truffe et un cassoulet.

Le dîner se déroula de façon très plaisante. Briquet faisait rire Marlène, de ce rire qui commençait très haut et finissait très bas, dans une cascade de sons distincts. Moi, j'écoutais et je commentais de temps à autre, observant cette dame élégante et pleine d'esprit, ses yeux bleus admirablement dessinés sous le sourcil haut, cette peau blanche qui s'ombrait sous les pommettes. On ne sentait rien d'affecté dans ses manières, Marlène était simple et directe.

— Qu'est-ce que vous faites dans la vie ?

— Je travaille à la radio, à France-Inter.

— Est-ce que vous êtes heureux de vivre ?

— Oui, très.

C'est tout ce qu'elle désirait savoir à mon sujet. Lorsqu'on apporta la truffe, Marlène y toucha à peine. Une truffe qui devait faire au moins cinq cents grammes ! Marlène y goûta du bout des dents et déclara que c'était trop fort. Le garçon dut emporter l'assiette encore pleine, sous mon regard mortifié car il était tacitement entendu que je devais payer l'addition !

Le serveur apporta ensuite le cassoulet, le clou du dîner. Marlène souleva le couvercle, esquissa une moue de dédain que je devais revoir si souvent par la suite :

— Ce n'est pas du cassoulet, ça, c'est du ragoût de haricots ! Le cassoulet, j'en faisais à Gabin, je sais ce que c'est. Je vous en ferai et vous jugerez !

Tant pis pour le cassoulet, dont elle ne prit que quelques miettes. Finalement, je réglai l'addition — plutôt salée pour ma bourse — et nous raccompagnâmes Marlène chez elle. Je lui souhaitai bonne nuit et je repartis en me disant : « Voilà, Louis, tu as dîné avec une légende vivante du cinéma... »

Le lendemain, je reçus un coup de téléphone de Briquet :

— Tu lui as beaucoup plu. Enfin, elle ne m'a rien dit vraiment, parce qu'elle est plutôt avare de compliments, mais j'ai senti qu'elle te trouvait très bien. J'ai l'impression que ça va marcher...

En un sens, j'étais flatté, mais l'opinion de Marlène sur mon compte ne me préoccupait pas outre mesure. Deux heures plus tard, nouvelle sonnerie du téléphone :

— Allô, monsieur Bozon ? Bonjour, c'est Marlène.

— Oui... ?

— Je vous ai préparé un pot-au-feu. J'aimerais que vous veniez le manger chez moi demain soir.

Elle ne me demandait pas si j'étais libre ou non ce jour-là. Il est vrai qu'être invité par Marlène Dietrich à déguster son pot-au-feu chez elle était un honneur qu'on ne refusait pas.

J'appelai Briquet pour convenir de l'heure à laquelle nous devions nous retrouver.

— Je ne suis pas de la partie ! me dit-il. Elle qui disait m'aimer... Mais toi, elle te fait le pot-au-feu le surlendemain de votre rencontre. C'est gagné. Ou plutôt, ça y est, tu es foutu...

Gagné ou perdu, je n'aurais su le dire. Le fait est que Marlène et moi ne nous sommes plus quittés. Commençait une longue histoire, pour le meilleur et pour le pire.

Je me suis souvent interrogé par la suite sur le pourquoi de cette longue histoire. Qu'avais-je fait, ce soir-là, pour lui plaire ? Pourquoi m'avait-elle choisi, moi ?

Il s'était produit une sorte de coup de foudre. Animateur de radio, déjà rompu aux interviews, je savais l'importance du premier contact, de ce courant qui passe ou ne passe pas. Je garde le souvenir cuisant d'un fiasco monumental avec Jeanne Moreau, une autre grande dame, même si en toute objectivité on ne peut la placer au rang d'une Marlène Dietrich. Invitée de mon émission à la radio, l'interprète de

Jules et Jim n'a répondu à aucune des questions qui n'avaient pas trait au film dont elle assurait alors la promotion. Dès qu'elle a poussé la porte du studio, j'ai senti que j'allais me « taper un bide ».

Le contraire s'est passé avec Marlène Dietrich. En premier lieu, je crois qu'elle n'a pas été insensible à mon physique solide et aux intonations de ma voix. Détails certainement, mais auxquels Marlène attachait de l'importance, elle qui n'aimait ni les chétifs ni les grincheux.

Surtout, j'avais en abordant Marlène une espèce de décontraction qu'elle a certainement appréciée. Je n'ai pas éprouvé d'angoisse particulière à l'idée de rencontrer celle dont on disait qu'elle n'était pas une actrice mais un mythe. Car mon manque d'enthousiasme ne doit pas faire oublier que Marlène était un monument et que tous ceux qui devaient la rencontrer en tremblaient d'avance. J'ai connu des confrères qui m'ont assuré avoir été paralysés par l'émotion mais surtout par la crainte, car Marlène était une femme redoutable, qui avait tôt fait de vous juger et qui pouvait s'envelopper alors dans un silence méprisant.

— Cet homme est d'une bêtise à ne pas croire, disait-elle souvent sur un ton péremptoire, en assassinant le malheureux d'une ou deux railleries cinglantes, et souvent très drôles.

A dire vrai, je n'ai pas fait preuve au cours de cette première soirée d'une vivacité d'esprit étincelante. Je ne me suis même pas rendu compte que je ne déplaisais pas à Marlène... Mais précisément, j'ai eu vis-à-vis d'elle et de sa notoriété une sorte de flegme naturel qu'une star de son envergure avait peut-être du mal à trouver chez les gens qu'elle croisait. Autrement dit, je ne l'ai pas fixée pendant tout le repas avec les yeux languissants d'un admirateur béat, je ne lui ai pas demandé de me raconter Hollywood. Bref, je n'ai pas manifesté à son égard d'engouement immodéré et je crois qu'elle m'en a su gré.

J'acceptai bien entendu l'invitation à dîner, ayant déjà compris qu'on ne disait pas non à Marlène.

J'arrivai un peu plus nerveux que la fois précédente. Je ne pouvais plus m'abriter derrière mon ami Briquet et puis je commençais à réaliser malgré tout que j'allais dîner en tête à tête avec et chez Marlène Dietrich, un privilège que m'auraient alors envié des millions de personnes. En me rendant au 12, avenue Montaigne, le modeste animateur de radio que j'étais se faisait un peu l'impression d'escalader l'Olympe.

Je sonnai à la porte à sept heures deux, avec une ponctualité sur laquelle on disait Marlène très exigeante. En effet, elle me complimenta.

— Mon ami Maurice Chevalier n'a jamais été en retard une seule fois, ajouta-t-elle. Il arrivait toujours à l'heure pile. Vous savez quel était son truc ?

— Non... ?

— Il restait dix minutes devant la porte des gens et sonnait à l'heure prévue.

Je me le tins pour dit.

Marlène portait une tunique en soie du style

Pucci, très en vogue à l'époque. Cela m'a un peu surpris car je l'imaginais mal vêtue de couleurs bariolées. En fait, la robe était un peu passée et Marlène ne la portait que parce qu'elle était large et confortable. En dehors de ses exigences professionnelles, l'actrice avait au fond peu de fascination pour les vêtements.

Me voilà donc assis avec elle dans sa petite cuisine de l'avenue Montaigne. Ou plus exactement, j'étais assis à la table, et elle se tenait debout devant ses fourneaux. Elle me regardait savourer son plat avec ce sourire irrésistible, lèvres à peine entrouvertes, ce demi-sourire miraculeux qui suffisait à illuminer le visage tout entier.

Ainsi couvé du regard, sentant qu'il fallait faire honneur à cette cuisine, j'ai nettoyé mon assiette. Je n'avais pas à forcer mon appétit, le pot-au-feu était somptueux. Tandis que je mangeais, Marlène m'en expliquait la recette, énumérant les morceaux de viande à utiliser, prenant position en faveur d'une cuisson séparée des légumes... Marlène appartenait à cette tradition culinaire qui veut qu'on fasse tout mitonner et elle pouvait passer deux ou trois jours à confectionner un plat.

Moi, j'écoutais, un peu étonné malgré tout de trouver une femme d'intérieur qui s'animait en évoquant les vertus du gros sel ou de la feuille de laurier. Mais cela contribua à me mettre à l'aise et cette soirée fut un enchantement — en ce qui me concerne, tout du moins. Nous avons beaucoup devisé, avec facilité et franchise. Nous parlions de tout et de rien, mais je prenais garde de ne surtout pas m'engager sur le sujet du cinéma, devinant qu'il y avait là un terrain dangereux qui ne pouvait susciter qu'agacement ou colère.

Plus tard, Marlène devait me confier une des raisons de son attachement pour moi :

— Vous savez, Louis, vous avez été le seul homme qui ne m'ait pas parlé de *l'Ange Bleu.* Lorsque j'ai rencontré James Joyce, un de mes auteurs préférés avec Rainer Maria Rilke, la première chose qu'il m'a dite, ce fut : « Madame, je vous ai vue dans *l'Ange Bleu...* » Je m'attendais tout de même à autre chose de sa part que cette phrase qui m'a été dite mille fois, par le boucher, par le crémier et par tous les journalistes. Dieu merci, la conversation qui a suivi avec Joyce a été plus enrichissante...

On pourrait s'étonner de l'animosité de Marlène à l'égard d'un film qui a pourtant fait d'elle une vedette mondiale. Elle crevait l'écran dans le rôle de Lola-Lola, cette chanteuse de cabaret qui humiliait un vieux professeur tombé fou amoureux d'elle. En fait, le ressentiment de Marlène n'était pas dirigé contre le film lui-même, qu'elle n'avait pratiquement pas vu, mais contre ce leitmotiv incessant de la presse à son sujet — « la vamp de *l'Ange Bleu* », la « Circé des brasseries » —, contre ce cliché si bien accroché à sa personne qu'on finissait par l'imaginer chez elle en jarretelles et chapeau haut de forme, la paupière lourde et le fume-cigarette entre les doigts.

Rappelons que *l'Ange Bleu* date de 1930. Autant dire que pour Marlène, c'était de l'histoire ancienne. Il y avait prescription. Et comme beaucoup de réalisateurs ou d'écrivains qui ont connu le succès pour une œuvre unique, Marlène s'irritait de voir qu'on finissait par gommer le reste de sa carrière, ou même de sa personnalité, au profit d'un seul film, celui de ses débuts. C'est un peu comme si on rappelait sans cesse à un acteur confirmé le brio avec lequel il avait obtenu son prix de conservatoire !

Ce qui l'agaçait prodigieusement, de surcroît, c'est qu'on l'ait surnommée l'Ange Bleu, nom qui était celui du cabaret et non pas celui du personnage qu'elle incarnait. Lors de sa disparition, combien de journaux ont titré : « L'Ange Bleu est mort ! » Avec sa précision germanique, Marlène aurait trouvé cette inexactitude du plus mauvais effet...

***

Quelque temps après notre premier pot-au-feu, j'ai décidé d'emmener Marlène rue de Budapest, dans un restaurant qui n'existe plus aujourd'hui, le Petit Coq. Cette rue située près de la gare Saint-Lazare a toujours été assez chaude, les prostituées y battent le pavé. Le restaurant était très pittoresque, avec son escalier central en colimaçon et son allure de vieux bistrot qui rappelaient à Marlène le décor de *l'Ange Bleu.*

— Ah, vous avez bien choisi l'endroit ! me dit-elle. Les rues chaudes... c'est familier, pour moi...

Au moment où nous étions entrés dans le restaurant, en effet, deux putains dans la rue se crêpaient le chignon, attirant un cercle de badauds qui bloquait le passage.

— Je connais ça très bien, m'avait soufflé Marlène. Je l'ai fait dans mes films.

On se souvient de cette scène d'anthologie dans *Et tournent les chevaux de bois* (*Destry Rides again*, de George Marshall), scène dans laquelle Marlène se battait comme une chiffonnière — sans doublage — avec Una Merkel, une comédienne américaine qui en garda des meurtrissures pendant plusieurs jours. Elles se flanquaient des torgnoles jusqu'à l'intervention de James Stewart, qui refroidissait leur ardeur en leur jetant un seau d'eau froide sur la tête. Il avait fallu tourner plusieurs prises et les deux femmes avaient fini la journée sur les genoux.

— Vous savez, j'ai toujours interprété des femmes de mauvaise vie, me disait Marlène. Entraîneuse, femme fatale, patronne de saloon... J'ai été victime de cette image, car les gens ont confondu mon métier d'actrice et ma vie de femme. Ce qui est absurde et parfaitement ridicule. Si j'avais joué dans *la Dame aux camélias*, on m'aurait sans doute prise pour une tuberculeuse... Mais là, l'image était bien ancrée : j'étais une fille légère. C'est peut-être pour cela que Michel Simon est tombé fou amoureux de moi sans jamais m'avoir rencontrée ! Était-ce vraiment flatteur de la part d'un homme qui disait n'aimer que « les guenons et les putes » ? Toujours est-il qu'il m'a offert un lit. Un lit, vous vous rendez compte ! Un lit aux montants de cuivre, comme on en trouvait dans les bordels ! On me téléphone un jour et on m'annonce qu'on va me livrer un lit, de la part de Michel Simon. Bien entendu, j'ai annulé la livraison.

Dans la majorité de ses films, Marlène a joué des femmes émancipées qui n'hésitaient pas à porter le pantalon et à fumer la cigarette. D'autres l'avaient fait avant elle, mais c'est bien Marlène qui a lancé la mode de la femme affranchie, damant le pion aux hommes sur leur propre terrain. Ironie et source peut-être de ses malheurs, Marlène était dans la vie une femme bien différente, presque aux antipodes de ce cliché. Dans une lettre adressée à son ami Hemingway, l'écrivain Dos Passos — qui travailla un moment sur le scénario de *la Femme et le Pantin* — décrivait la star comme « une gentille petite ménagère allemande ». C'est cette Marlène « popote » que j'avais découverte lors de mon premier dîner avenue Montaigne. Une Marlène dont l'ambition n'était pas de porter culotte, mais qui au contraire aimait être aux petits soins pour les hommes... à condition bien sûr qu'ils aient les épaules larges, au propre ou au figuré.

***

Une des premières fois où je me rendis chez Marlène, elle me fit visiter sa chambre.

— La chambre de la star ! dit-elle en riant.

L'appartement avait été loué meublé et la propriétaire, une Iranienne, s'était probablement imaginée que pour satisfaire son illustre locataire, il fallait donner à la chambre à coucher un cachet hollywoodien, avec rideaux de satin et lustre de cristal.

Marlène se moquait de ce luxe un peu grotesque. Elle gardait beaucoup de recul par rapport à son image de sophistication suprême, imposée par ses films des années trente. Dans la vie, elle se voulait une femme ordinaire, aux goûts simples.

Évidemment, il entrait une bonne part de coquetterie dans ce refus du vedettariat, comme lorsque cette femme intelligente vous déclarait :

— Oh moi, vous savez, je suis bête... Ma fille Maria est intelligente, mais moi, je suis bête...

Marlène se savait mondialement célèbre et elle n'était pas prête à renoncer à cette gloire, d'ailleurs moins par mégalomanie que par sens pratique puisque après tout, cette gloire était devenue son gagne-pain.

Dans la salle de séjour, elle avait placé devant son bureau une chaise ancienne, de style vaguement espagnol. Je me suis bientôt aperçu que quand on venait la voir, elle aimait prendre place sur cette chaise qu'elle avait fait rehausser de plusieurs centimètres. Ainsi, les visiteurs se trouvaient toujours légèrement en position basse face à une hôtesse dominante. En outre, Marlène orientait son siège de biais, ce qui lui permettait de bien mettre en valeur ses jambes légendaires. Et là, soudain, on voyait réapparaître la star adulée par les foules. Belle, élégante, le maintien impérieux, elle vous regardait avec ce sourire plein de dérision des femmes qui s'amusent de vos efforts à les distraire.

***

Les dîners en compagnie de Marlène devinrent une habitude. A deux le plus souvent, à plusieurs de temps à autre. Marlène me recevait en femme d'intérieur, heureuse de me régaler de ses petits plats. Elle ne s'apprêtait pas pour l'occasion. Je l'ai rarement vue maquillée et quand il nous arrivait d'aller au restaurant, elle se passait rapidement un bâton de rouge sur les lèvres sans même se regarder dans la glace. Dans l'intimité, Marlène était le contraire de la préciosité.

Nous mangions en général... dans l'entrée. En effet, le hall était très spacieux et Marlène, au mépris des convenances, avait décidé de le transformer en salle à manger. C'était plus pratique pour ses allées et venues entre la cuisine et la table. Car très souvent, la femme de ménage ou la femme de chambre étaient déjà parties. Contrairement à ce qu'on pourrait imaginer, Marlène avait une domesticité très réduite. La femme de chambre venait travailler toute la journée et Marlène lui donnait son congé quand les invités arrivaient.

La salle de séjour était transformée en double living. D'un côté le salon proprement dit, de l'autre le bureau de Marlène, où elle entassait ses livres. Il y avait là aussi, tête-bêche, les deux pianos à queue rapportés d'Allemagne de l'Est. A ma connaissance, personne n'en jouait. Cela n'empêchait pas Marlène de les faire accorder régulièrement.

— Pour qu'ils continuent à vivre, avait-elle coutume de dire. Et puis ça peut toujours servir...

C'était son côté logique et pratique : un piano doit être accordé, donc faisons-le accorder. Les voisins ont prétendu qu'ils entendaient jouer du piano de temps en temps, mais je n'ai jamais vu Marlène s'asseoir sur le tabouret. Pourtant, je crois qu'elle était bonne pianiste. On peut voir son fabuleux port de main quand elle joue à la fin du film *Agent X-27*. De toute évidence, le clavier ne lui était pas étranger. Elle savait aussi manier l'archet puisque, enfant, elle s'était un moment destinée à une carrière de violoniste. Elle y avait renoncé parce qu'un tendon de sa main s'était échauffé et qu'un de ses doigts avait perdu de sa souplesse. La jeune adolescente avait alors décidé de se lancer dans une carrière théâtrale...

Lorsque j'avais rendez-vous avec Marlène, je faisais toujours en sorte d'être ponctuel, n'ayant aucun désir de déclencher ses foudres. J'avais compris que pour elle, l'heure n'avait pas l'élasticité que lui attribuent la plupart des Parisiens. Ce devait être son côté prussien : avant l'heure, ce n'est pas l'heure, après l'heure, ce n'est plus l'heure... Par la suite, je devais voir Marlène congédier une domestique ou refuser l'entrée de son appartement à des médecins sous prétexte qu'ils avaient quelques minutes de retard.

Malgré tous mes efforts, pourtant, il m'arriva de faillir. Piégé dans un embouteillage, je me présentai un soir devant le 12, avenue Montaigne avec une demi-heure de retard. Je trouvai Marlène au garde-à-vous en bas de chez elle, dans une rage folle :

— Vous aviez dit sept heures !

— Marlène, sept heures, c'est relatif...

— Alors on ne dit pas sept heures, on dit sept heures et demie.

Elle était intraitable sur ce sujet. En général, car il pouvait y avoir des exceptions...

J'appelai un jour Marlène qui m'expliqua d'emblée qu'elle ne pouvait pas s'attarder au téléphone car elle était en train de confectionner le menu destiné à un invité de marque : Orson Welles, de passage à Paris, devait venir dîner chez elle. Ils s'étaient connus au début de la guerre, lorsqu'ils présentaient ensemble des tours de magie au profit des soldats mobilisés. Marlène se faisait scier en deux par Orson Welles ! A la fin des années cinquante, elle avait tenu un rôle secondaire — celui d'une tenancière de bordel à la frontière mexicaine — dans le dernier grand chef-d'œuvre de Welles, *la Soif du mal*, un rôle épisodique qu'elle considérait comme l'un de ses meilleurs.

Jamais je n'aurais eu l'idée de demander à Marlène de m'inviter à ce dîner. Je savais qu'elle n'aimait guère faire se rencontrer ses amis. En quoi elle avait sans doute raison.

Parfois, en songeant aux géants qu'elle avait côtoyés, d'Hemingway à Gabin en passant par une flopée d'immenses vedettes américaines, je me sentais bien petit...

Quoi qu'il en soit, ce soir-là, Marlène s'enferma pour les préparatifs de son dîner avec Welles. Quelques jours plus tard, resté sans nouvelles, je l'appelai et lui demandai si tout s'était bien passé.

— Il n'est pas venu, me répondit-elle.

A l'autre bout du fil, j'étais embarrassé pour elle et choqué d'apprendre un tel crime de lèse-majesté. Orson Welles avait fait faux bond à Marlène, sans prévenir...

— Comment a-t-il pu ? murmurai-je.

— Lui, c'est différent. C'est un génie, mon ange !

***

A défaut de génie, elle dînait avec moi. A mon arrivée, la table était déjà mise par la femme de chambre. Il y avait toujours deux serviettes, une en papier et l'autre en tissu, très bien repassée. Chez Marlène, je n'ai jamais vu le faste auquel j'aurais pu m'attendre. Le service était impeccable mais toujours simple, comme chez quelqu'un de modeste qui reçoit un ami cher. Je n'ai jamais vu de grandes vaisselles, ni d'argenterie. Tout cela était peut-être entreposé dans son appartement de Park Avenue, à New York. Dans sa résidence parisienne, tout était strictement fonctionnel.

A vrai dire, cela n'avait aucune importance. Ce que nous avions dans l'assiette suffisait largement à notre plaisir : somptueuse, préparée avec un soin maniaque, la cuisine de Marlène rivalisait avec celle de bien des restaurants.

Il y avait aussi de très bons vins car elle se faisait conseiller. Mais le plus souvent, Marlène recevait au champagne. Dès le premier soir, elle a vu que je l'appréciais beaucoup. Dès lors, et pendant de nombreuses années, on ne but pratiquement pas de vin rouge chez Marlène. Elle me servait un verre de champagne dès mon arrivée :

— Votre champagne, me disait-elle sur le ton à la fois maternel et enjôleur de la femme qui sait faire plaisir à un être aimé.

Je me souviens qu'un jour, elle avait consulté un médecin pour une douleur qu'elle ressentait dans le pouce. Après avoir examiné ce doigt, le docteur lui dit :

— Votre pouce est légèrement déformé, en effet. Que faites-vous ?

— Je ne sais pas, je dois avoir des problèmes de rhumatismes.

— Non, non, j'ai l'impression que vous faites toujours le même mouvement.

— Ah ! s'exclama Marlène. Je sais : j'ouvre les bouteilles de champagne !

Comme Marlène buvait avec nous mais sans rien avaler de solide, elle finissait parfois les dîners un peu en chaloupe. La plupart du temps, cela ne faisait que donner encore plus de gaieté au repas. Mais la soirée pouvait aussi basculer sur un mot malheureux, notamment lorsqu'il avait trait au passé de Marlène. Elle si chaleureuse, si souriante pouvait soudain passer à la colère la plus venimeuse et à l'injustice la plus insupportable.

J'avais ainsi appris à redouter les dîners à trois, sachant que l'un de nous risquait de faire les frais de la soirée. Pendant quelques années, un ami, Pierre-Julien Dentale, alors jeune architecte, partagea plusieurs de nos repas. Le trio se portait bien... excepté certains soirs où, dès le seuil franchi, nous savions à l'accueil de Marlène qui, de l'un ou de l'autre, serait l'élu de la soirée ; soirée qu'elle animait en séductrice, testant subtilement la capacité d'humour et de sang-froid du perdant.

Pourquoi ce jeu cruel ? Je l'ignore. Le fait est que Marlène semblait s'évertuer alors à détruire toute espèce de complicité qui pouvait se créer entre ses invités. Ces dîners-là étaient des moments de tristesse où l'on sentait que Marlène cherchait un exutoire à ses peines ou ses angoisses. En l'espace d'une minute, elle pouvait passer d'un extrême à l'autre, de la joie au spleen le plus profond, sans qu'on sache exactement les failles manifestées par ces sautes d'humeur. Marlène mettait cela sur le compte de son « âme russe »...

***

Tous ceux qui ont côtoyé Marlène Dietrich savent qu'elle possédait une vitalité hors du commun, conservée pratiquement jusqu'à la fin. Infatigable, elle était de ces gens dont on dit qu'ils « tuent leur monde ».

Cela tenait bien sûr à son tempérament mais aussi au fait qu'elle avait connu la rude école des revues, du théâtre et du cinéma, où il faut sans cesse répéter, où l'improvisation n'existe pas.

Pendant le tournage de *l'Ange Bleu*, elle continuait ainsi à jouer tous les soirs une pièce intitulée *Zwei Krawatten*, dans laquelle un jour Joseph Sternberg l'avait découverte. Le metteur en scène était alors en quête de son héroïne, qu'il désespérait de trouver. Il avait eu le coup de foudre pour « l'air de froid dédain » affiché déjà par Marlène Dietrich. Il avait vu en elle un modèle de Félicien Rops et de Toulouse-Lautrec : « J'avais devant moi le visage que je cherchais, et pour autant que je pouvais le percevoir, une silhouette répondant au visage. Il y avait même quelque chose d'autre que je n'attendais pas, quelque chose qui me disait que ma quête était terminée. »

Contrairement à ce qu'elle a prétendu par la suite, Marlène n'était pas une simple débutante de l'atelier de théâtre Max Reinhardt lorsque Sternberg la plaça devant ses caméras. Premièrement, elle n'a jamais été formée par l'illustre Reinhardt, s'étant contentée de prendre des cours particuliers avec un de ses associés. Deuxièmement, elle avait déjà participé à plusieurs spectacles, interprété de nombreux rôles légers ou classiques et travaillé aussi bien pour la scène que pour le cinéma. Le grand réalisateur Pabst avait même failli lui donner le fameux rôle de Loulou. Au dernier moment, il avait opté pour Louise Brooks.

Donc, quand Sternberg la découvrit, Marlène Dietrich était déjà une petite célébrité à Berlin, où sa beauté et son allure d'affranchie faisaient des ravages. Elle n'était plus une ingénue puisqu'elle avait trente ans, qu'elle s'était mariée en 1924 avec Rudi Sieber, assistant metteur en scène de théâtre, et qu'elle avait eu de lui une fille, Maria.

Toutes ces informations, je ne les tenais pas de la bouche de Marlène, mais de ses biographes et exégètes. Car Marlène refusait absolument de parler de ses débuts de comédienne, c'est-à-dire de la période comprise entre 1922 et 1930. Il y avait là une frontière impossible à franchir. Quiconque s'y essayait se heurtait à un véritable mur, quand ce n'était pas à une explosion de colère. Il était parfaitement inutile de lui mettre devant les yeux les éléments de sa carrière :

— Si vous croyez tout ce qu'on a écrit sur moi...

Alors on finissait par renoncer et par admettre cet « oubli ». Mais comment expliquer une telle occultation de sa vie jusqu'à 1930 ? Que Marlène n'ait pas tenu de grands rôles à cette époque, qu'elle ait peut-être connu des périodes de vaches maigres, il n'y avait là rien de honteux, au contraire. En outre, tout porte à croire que ce furent des années plutôt heureuses. Alors pourquoi ce refus de les évoquer ?

On a dit que Marlène cherchait ainsi à rendre un hommage plus total à Sternberg, le Pygmalion à qui elle devait tout. Sa véritable carrière, celle du mythe Dietrich, commençant avec *l'Ange Bleu*, le reste pouvait tomber à la trappe. Sternberg l'avait modelée à son goût, il avait affiné sa silhouette comme son visage, il avait fait d'elle une autre. Pour jouer le jeu jusqu'au bout, Marlène se devait d'apparaître au public comme une comète surgie de nulle part, déjà parfaite, déjà inaccessible.

En fait, Marlène a toujours minimisé par la suite l'importance de cette métamorphose physique. Quand on voit certaines photos d'elle dans les années vingt, il est vrai, on s'aperçoit qu'elle était déjà une femme très désirable, qui possédait du charisme et un érotisme naturel. Au fond, ce que Sternberg lui a apporté d'essentiel, c'est moins un nouveau physique qu'une certaine lucidité sur ce qu'elle était et ce qu'elle valait. Avant cette rencontre miraculeuse, Marlène se considérait à peine comme une actrice : elle manquait d'assurance, son jeu un peu emprunté ne parvenait jamais à se faire oublier. On admirait sa présence, mais on sentait ses talents limités. Grâce à Sternberg, Marlène a compris qu'elle n'avait pas à jouer, mais seulement à être. Ce qu'elle prenait pour une faiblesse était en fait la force qui allait la catapulter vers la gloire, ce qu'elle prenait pour des carences était ce « je-ne-sais-quoi » en plus qui distingue une star d'une actrice.

Lorsque, sous la houlette de Sternberg, Marlène eut acquis cette lucidité, voire ensuite un certain cynisme, il ne lui resta plus qu'à oublier ces années « d'âge tendre » qui, avec le recul, lui paraissaient bien insouciantes et risibles. Des années-cocon sans intérêt : Marlène sortie de sa chrysalide n'avait plus qu'à s'envoler, sans jamais se retourner. L'envol, sans doute, pour elle, nécessitait une cassure. Une tricherie, penseront certains, mais c'était ainsi. L'occultation de cette période de sa vie devint une convention à la Dietrich sur laquelle il n'y avait plus à revenir.

De la même manière, elle avait décidé de ne pas parler de sa famille. Si on venait à évoquer sa sœur, elle répondait :

— Je n'ai pas de sœur !

Ce qui était grotesque puisque tout le monde connaissait l'existence de cette sœur. Mais ce refus voulait dire : « Vous voulez m'embêter, alors je vais répondre par l'absurde. »

Bref elle était née des mains de Sternberg. Dès qu'elle l'eut rencontré, elle se mit, presque inconsciemment, à construire sa légende. Sans comprendre qu'elle courait le risque de s'y emmurer vivante.

CHAPITRE 2

MESDAMES ET MESSIEURS... MISS... MARLÈNE DIETRICH !

Louis Bozon : *Après* l'Ange Bleu, *la UFA* n'a pas exercé son droit d'option sur vous. La Paramount vous propose un contrat. Vous l'acceptez. La UFA a raté une occasion exceptionnelle...*

Marlène Dietrich : *C'est aussi mon avis. Car j'aurais préféré rester dans mon pays, près de ma famille et de mes amis, mais comme je me méfiais de l'Amérique, j'ai laissé ma fille Maria avec mon mari à Berlin et je suis partie en reconnaissance, étant certaine que mon contrat américain contenait une clause disant*

---

* UFA : *Universum Film Aktien Gesellschaft*, société de production et de distribution du cinéma allemand.

que j'avais le droit de quitter ce pays étrange si je ne m'y plaisais pas. Vous voyez, pas folle la guêpe, même à cet âge tendre...

L.B. : *Vous prenez donc le bateau pour New York accompagnée par votre habilleuse de* l'Ange Bleu, *Resi.*

M.D. : *Seulement parce que mon mari insistait pour que je ne voyage pas seule.*

L.B. : *La traversée a été agréable ?*

M.D. : *Oui, sauf que la mer était mauvaise et Resi, naturellement, malade.*

L.B. : *Pourquoi naturellement ?*

M.D. : *Parce que toutes les femmes de chambre sont habituellement malades pendant une traversée aussi longue. Mais la pauvre Resi, en étant malade, avait perdu ses dentiers, à jamais victimes des vagues.*

L.B. : *Que s'est-il passé à votre arrivée à New York ?*

M.D. : *Tout ce qui m'intéressait, c'était de trouver un dentiste pour ma pauvre Resi qui refusait, même en face des douaniers, d'ouvrir la bouche.*

L.B. : *Il a dû y avoir une grande réception organisée par la Paramount en votre honneur...*

M.D. : *Oui, oui, mais je les ai fait attendre.*

L.B. : *Et ils ont attendu ?*

M.D. : *Bien sûr, c'est leur métier.*

Mesdames et messieurs... Miss... Marlène Dietrich !

L.B. : *Alors, vous avez confié Resi à un dentiste, pendant que vous répondiez aux questions habituelles des journalistes ?*

M.D. : *Je ne perds pas mon sang-froid si vite que cela.*

L.B. : *Une fois Resi rescapée, vous êtes partie pour la Californie et votre destin inconnu...*

M.D. : *Oui, ce fut un long voyage dans un train assez luxueux. Monsieur Sternberg est venu nous rencontrer à mi-chemin. Il n'y avait pas d'air conditionné, et la chaleur a presque étouffé Resi avec ses dentiers tout neufs...*

L.B. : *Vous ne parlez jamais de vous-même !*

M.D. : *Non, je ne me trouve pas intéressante.*

L.B. : *Et vous êtes arrivées en Californie.*

M.D. : *On a trouvé une maison, très jolie, de style espagnol comme la plupart des maisons là-bas, et on a commencé tout de suite à faire la cuisine. On s'est installées comme on le fait en vacances, provisoirement, sans penser si cela durerait un an ou beaucoup moins ; toujours les yeux sur Joseph von Sternberg qui acceptait toutes les responsabilités des femmes venues de loin sans jamais se vexer.*

L.B. : *Comment viviez-vous à Hollywood ?*

M.D. : *Je ne vivais pas à Hollywood, je vivais à Beverly Hills. J'aimais la tranquillité, le cli-*

mat, j'aimais les techniciens du studio et, naturellement, je vivais retirée après le travail.

L.B. : *Et vous étiez la providence de tous les émigrés français venus à Hollywood.*

M.D. : *Naturellement, je sais faire la cuisine d'autres pays, mais les cuisines hongroise et russe étaient les préférées de tous mes amis. En Californie, Jean Renoir, Gabin, Dalio, René Clair, bref, tous les émigrés français venaient dîner chez moi, du choux farci ou du pot-au-feu, et bavarder après en français une petite demi-heure car tous se levaient très tôt le matin. A part ces soirées, la vie là-bas n'était pas très rose.*

***

On raconte que sur le tournage de *Morocco*, Joseph Sternberg, irrité parce qu'il n'arrivait pas à obtenir l'effet désiré dans une scène, se serait écrié :

— Je ne veux plus personne sur ce plateau ! Je ne veux que madame Dietrich et monsieur Cooper et personne d'autre.

Les techniciens, les administrateurs, les maquilleuses, tout le monde déserta le studio. Mais Sternberg entendit du bruit derrière lui.

— Qui est là ? aboya-t-il.

— C'est moi, l'opérateur, répondit une voix timide. Il faut bien que quelqu'un actionne la caméra...

Si les règlements syndicaux qui régissaient strictement l'industrie du cinéma ne l'en avaient empêché, le réalisateur de *l'Ange Bleu* aurait voulu tout contrôler sur un plateau. Il aurait été à la fois l'éclairagiste, le preneur de son, le scénariste, etc. Qui plus est, c'était un bourreau de travail. Marlène commençait dès l'aube et finissait rarement avant la nuit tombée. Si un éclairage déplaisait au metteur en scène, il fallait faire une nouvelle prise, jusqu'à satisfaction. Si Marlène était en larmes ou en sueur, il fallait s'arrêter pour refaire le maquillage. Ce fut certainement pour elle un apprentissage dans la douleur mais qui se révéla payant.

Dans les années cinquante, lorsque, boudée par Hollywood, Marlène mit sur pied son one-man show et entreprit de parcourir le monde pour présenter son récital, elle le fit avec un professionnalisme et un goût de la perfection hérités en grande partie de son expérience avec Sternberg. Si les producteurs de cinéma ne voulaient plus prendre le risque de la faire tourner, elle restait persuadée que le mythe Dietrich fonctionnait encore et que les gens paieraient pour venir la voir en chair et en os. En effet, les engagements affluèrent, venus du monde entier. Marlène entamait une seconde carrière qui devait lui apporter ce qui lui avait tant manqué sur les plateaux hollywoodiens : le contact avec le public.

Pendant les premières années de notre amitié, Marlène poursuivit ses tournées de chanteuse. Elle ne revenait à Paris qu'entre deux contrats et menait une vie étonnamment active. S'improvisant femme d'affaires, elle voulait tout régler elle-même, passait son temps au téléphone, s'inquiétait d'établir son programme de concerts pour l'année suivante. Elle payait elle-même ses musiciens et son chef d'orchestre. Détestant déléguer, elle tenait à rester maîtresse de sa carrière comme elle l'était de sa cuisine. A vrai dire, Marlène avait plus le sens de l'organisation que celui des affaires. Ainsi, le contrat qu'elle signa pour la rédaction de ses Mémoires aurait pu être plus avantageux. Mais elle doit ces erreurs à son désir de prendre des décisions seule, sans consulter personne.

Un des travers de Marlène était en effet une suspicion permanente à l'égard de ceux qui l'entouraient. Non pas sur le plan affectif — elle avait suffisamment réduit le nombre de ses fidèles pour se préserver des désillusions — mais sur le plan de l'efficacité. Les gens qui travaillaient pour elle étaient toujours soupçonnés d'incompétence ou de négligence. Tous les efforts pour la rassurer ne faisaient qu'augmenter sa méfiance :

— Oh, à vous entendre, vous les Français, il n'y a jamais de problèmes... Alors qu'il n'y a que cela, des problèmes, justement parce que vous ne voulez pas les voir.

Aussi Marlène prenait-elle en charge le plus gros de l'organisation de ses tournées. Elle avait pourtant un agent à New York, un autre à Londres, un enfin à Paris, mais elle ne leur faisait pas une confiance aveugle. A Paris, on lui avait conseillé Félix Marouani, qui s'occupait de son amie Edith Piaf. Marlène avait donc contacté les Marouani qui lui avaient envoyé non pas Félix mais Eddy, le plus jeune de la famille. Ce dernier était fou de joie à l'idée de représenter les intérêts de Marlène Dietrich. Il s'est montré d'une patience à toute épreuve, à l'instar de tous ceux qui aimaient vraiment Marlène.

Le jeune agent se trouva à bonne école avec une professionnelle de cette trempe. Elle était partout à la fois, s'occupant de détails qui, dans une tournée digne de ce nom, incombent logiquement au régisseur. C'était Marlène qui vérifiait les réservations d'hôtel, elle qui s'assurait tous les soirs que les pupitres de ses musiciens s'allumaient, elle qui récupérait les partitions après le spectacle afin qu'elles ne disparaissent pas... Je la trouvais parfois chez elle à Paris en train de classer toutes ces partitions. Elle les entassait sur le piano et les classait. C'est d'ailleurs ainsi qu'elle s'est aperçue que certains musiciens n'étaient pas très respectueux de sa personne puisqu'ils griffonnaient des caricatures obscènes de la chanteuse dans les bas de pages...

Sous les pianos, on avait glissé six ou sept énormes valises dans lesquelles Marlène rangeait ses effets personnels lorsqu'elle partait en tournée. Elle ne savait pas voyager léger. Je suis pourtant prêt à parier que certaines de ces valises n'étaient pas ouvertes pendant toute la tournée !

Marlène était une star : elle ne pouvait concevoir d'entrer dans un palace sans être suivie par une montagne de bagages. N'avait-elle pas connu la glorieuse époque des traversées de l'Atlantique en paquebot, avec leur luxe effréné ? Déjà en 1930, lors de son arrivée à New York, elle croulait sous les malles et les cartons à chapeaux. La Paramount, qui l'avait prise en main, tenait à soigner l'image de marque de sa nouvelle vedette :

— Non, madame, vous ne pouvez pas débarquer dans ce simple tailleur, lui dirent les représentants des studios montés à bord du *Bremen* pour l'accueillir. Tous les photographes attendent au bas de la passerelle, il vous faut un manteau de fourrure.

Après s'être fait un peu prier, Marlène descendit dans la cale pour sortir une robe noire et un vison de ses innombrables malles.

Par la suite, elle a gardé cette habitude d'emporter le maximum afin de parer à tout imprévu. Mais l'indispensable se trouvait dans un petit sac noir qui ne la quittait jamais. Je lui demandai un jour si elle y mettait ses bijoux.

— Tous ceux que je porte en scène sont faux, me répondit-elle. Je n'ai jamais tellement aimé les bijoux, et les plus beaux que je possède, je les laisse dans un coffre pour ma fille.

En fait, son sac contenait sa tenue de scène : une paire de chaussures et sa robe. Dans une sacoche, Marlène transportait également les partitions de ses musiciens.

— Mes valises n'arrivent pas, je m'en moque, je n'ai pas besoin de ma chemise de nuit mais seulement d'une tenue de scène et de musique.

Qu'y avait-il alors dans ces monstrueuses valises ? Absolument tout ce dont elle pouvait avoir besoin.

— On oublie toujours quelque chose et c'est précisément celle-là qui vous manque le plus, disait-elle.

Marlène avait des tonnes de médicaments divers pour elle, pour ses musiciens ou éventuellement pour le public. Tous les types de malaise étaient envisagés. Marlène n'oubliait pas non plus son moulin à poivre, affirmant qu'il n'y en avait jamais dans les restaurants où on l'emmenait. Un jour, elle m'a d'ailleurs offert un poivrier de voyage, indispensable viatique à ses yeux.

Les valises devaient contenir également des dizaines de robes et de tailleurs, pour répondre à toutes les occasions imaginables. Pourtant, sortie de scène, Marlène portait des vêtements simples, comme ces jeans qu'elle aimait tant. Invitée à un cocktail, elle se contentait généralement d'un tailleur noir strict. Mais elle transportait toute une garde-robe, au cas où...

Lorsqu'elle rentrait de tournée, les valises reprenaient leur place dans la grande salle de séjour, sous les pianos. C'était leur destination, c'est là que je les ai toujours vues. Un jour, à leur propos, Marlène eut une belle surprise... ou plutôt une mauvaise. Scandalisée, elle me montra une note de sept mille francs que venait de lui envoyer Air France :

— Regardez ce que j'ai reçu ! Une note de sept mille francs ! Essayez de téléphoner pour savoir de quoi il s'agit...

— Marlène, vous aviez des bagages en supplément.

— Comment ? Ils me font payer un supplément de bagages, à moi, avec tout l'argent que je leur fais gagner...

Elle ne pouvait pas comprendre. Les restrictions de poids sur les bagages étaient devenues beaucoup plus sévères qu'autrefois. L'ère des paquebots était révolue, les grandes stars étaient en voie de disparition... Il n'empêche que la réclamation d'Air France fut pour elle une véritable insulte à sa personne. Pour le principe, elle changea de compagnie. Elle qui aimait tant Air France opta dès lors pour la Pan Am.

***

— Louis, vous devez absolument venir me voir chanter à Londres. J'y tiens. Ce sera peut-être la dernière fois que je chanterai en Europe.

Il m'était difficile de refuser. Je parvins à me libérer pour la journée et pris l'avion pour l'Angleterre. Je me rendis directement au Savoy, où était descendue Marlène. Elle me fit attendre cinquante minutes avant de me faire dire qu'elle ne pouvait pas me recevoir pour le moment. Toutefois, elle avait loué à mon intention une suite dont je profitai pendant trois petites heures, le temps de faire honneur au somptueux déjeuner au champagne que Marlène m'avait fait servir.

Lorsqu'elle fut enfin prête, nous partîmes ensemble en limousine pour le Queen's, le théâtre où elle donnait son récital. Je pus alors me faire une idée précise de son extraordinaire perfectionnisme. Arrivée plusieurs heures avant le lever du rideau, Marlène se mit à arpenter les planches marteau en main pour aplanir la moindre aspérité, pour écraser la moindre tête de clou qui risquait d'accrocher les fils d'ange de sa robe ou de sa traîne.

Elle s'assura également qu'aucun obstacle dans les coulisses ne gênerait son changement de costume. En effet, Marlène commençait son tour de chant en robe puis disparaissait côté jardin pour réapparaître côté cour vêtue d'un frac noir et d'un haut-de-forme. Une première partie pour les hommes, une deuxième pour les femmes... Cette métamorphose se faisait en moins d'une minute, en coulisses, avec l'aide agile des habilleuses.

Toujours avant le spectacle, Marlène effeuilla patiemment des centaines de roses en tige que lui envoyait chaque soir une milliardaire inconnue. Les pétales étaient disposés sur une passerelle — encore par Marlène — dans les cintres. A la fin du spectacle, au moment où elle inclinait le buste pour saluer le public, un rideau de pétales de roses tombait sur la scène.

***

Quand elle était à l'affiche à Paris, Marlène quittait son appartement de l'avenue Montaigne vers quatre ou cinq heures, alors qu'elle ne devait monter sur les planches que vers neuf heures et demie ou dix heures.

Les préparatifs achevés, elle s'enfermait dans sa loge, où elle exigeait tout le confort, y compris bien sûr son champagne. La pièce était toujours encombrée de corbeilles de fleurs. Elle avait une prédilection pour les tubéreuses mais leur parfum capiteux l'enivrait. Elle préférait alors laisser les bouquets dans le couloir.

— Ça sent le cimetière, disait-elle.

Sa loge, c'était un peu son quartier général. On ne l'y dérangeait pas inutilement. Le plus souvent, Bernard Hall montait la garde. Hall avait travaillé comme chorégraphe au temps où Marlène employait des « girls » dans son spectacle. Il faisait aussi office de maître de cérémonie, annonçant à l'américaine l'entrée de l'artiste sous les roulements de tambour de l'orchestre :

— Mesdames et messieurs... Miss... Marlène DIETRICH !

Il assurait une protection draconienne car Marlène ne voulait pas être importunée par les journalistes toujours à l'affût. Privilégié, je me faufilais parmi la foule et j'entrais dans la loge où elle m'accueillait gracieusement. Mais je savais que je ne devais pas trop rester : il y avait des secrets que je devais ignorer, les subterfuges d'une femme qui s'habille pour paraître vingt ans de moins en scène.

Marlène était encore superbe, mais elle ne se berçait pas d'illusions : elle connaissait les défauts et faiblesses de son corps.

— J'ai de belles jambes, disait-elle, mais j'ai un cou de poulet. Alors je le masque.

Elle avait trouvé un large « collier de chien » en faux diamants — des zircons merveilleusement taillés — qui lui couvrait le cou et qui, en accrochant la lumière, soulignait l'éclat de son visage. Marlène me chargea un jour de le faire réparer — elle avait déjà pris l'habitude de me confier ses petits problèmes techniques. Je me présentai tout d'abord chez Cartier où l'employé me rendit mon collier de strass en secouant la tête d'un air méprisant. Consulté, un autre bijoutier m'expliqua qu'il s'agissait d'un remarquable travail d'artisanat, et qu'il me serait donc très difficile de trouver quelqu'un capable d'effectuer des soudures aussi délicates. J'en parlai à un ami qui me donna l'adresse... de son plombier. Celui-ci répara le collier avec une précision extraordinaire et je pus rapporter triomphalement le bijou à sa propriétaire, sans lui dire toutefois qu'il avait été sauvé par un expert en canalisations.

— Il n'y a que vous pour réussir ces miracles, me dit-elle.

Cependant, les subterfuges esthétiques se limitaient aux artifices du maquillage, de la parure et des lumières. Contrairement à tout ce qu'on a pu raconter ou laisser entendre, elle n'a pas eu recours au lifting chirurgical. Sa peau n'a jamais été touchée par le bistouri, instrument dont Marlène avait une peur bleue. En revanche, elle savait utiliser des sparadraps très légers qui retendaient discrètement la peau (on appelle cela le « lifting-mannequin »). Elle cachait ces sparadraps derrière les oreilles, sous sa perruque. Marlène se lamentait toujours sur son manque de cheveux et avait depuis longtemps résolu le problème en mettant des postiches.

En scène, elle portait toujours une même robe, qui était devenue « la » robe, même si elle existait en plusieurs exemplaires. Réalisée par le célèbre couturier Jean Louis, un Français émigré à Hollywood qui, avec Travis Banton, a signé la plupart des costumes de Marlène, elle était en taffetas de soie très fine, constellée de milliers de pierreries. Elle épousait si parfaitement la silhouette de Marlène qu'on la disait « cousue sur elle ». De nombreuses chanteuses ont ensuite copié cette tenue mais nulle n'égala l'élégance de Marlène Dietrich. Celle-ci reste un miracle dans l'histoire de la mode : elle seule pouvait porter sans sombrer dans le ridicule ces invraisemblables costumes faits de plumes, de gaze ou de mousseline dont l'affublait Sternberg.

Quand je lui ai demandé si on cousait effectivement sa robe de scène sur elle, elle m'a répondu presque choquée :

— Mais non, mon ange... (Elle m'appelait son ange, avec un dosage variable d'affection et de condescendance.) ... comment voulez-vous ? Si l'on devait la coudre tous les jours, cette robe, elle se serait déchirée. Il y a une fermeture Éclair.

Effectivement, tout le secret de cette robe résidait dans une minuscule fermeture à glissière merveilleusement dissimulée.

En dépit des nombreux régimes suivis, la silhouette de Marlène s'était cependant quelque peu alourdie, mais sa tenue de scène était là pour la rappeler à l'ordre.

— Je dois faire attention, sinon je n'entrerai plus dans « la » robe.

Elle a acheté alors chez le meilleur faiseur une gaine couleur chair qui lui moulait les hanches et l'affinait d'une façon merveilleuse. Elle y perdait sans doute en confort, mais la ligne était superbe.

— Les détails n'ont aucune importance, disait-elle. Ce qui compte avant tout, c'est la silhouette. Si je n'aime pas monsieur Balmain, c'est qu'il y a trop de chichis, et pas assez de silhouette. Regardez monsieur Balenciaga...

Marlène donnait du « monsieur » ou du « madame » à tout le monde. Jusqu'à sa secrétaire et amie qu'elle appelait « madame Norma », même si je lui faisais remarquer qu'elle en faisait ainsi l'équivalent d'une sous-maîtresse de maison close.

— Chez monsieur Balenciaga, tout est dans la ligne. C'est cela, l'art en haute couture.

La coiffure de Marlène, qui accentuait son magnifique port de tête, les gestes qu'elle avait en scène, tout cela n'avait d'autre raison d'être que de servir sa silhouette. On la voyait souvent par exemple montrer du doigt quelqu'un dans la salle. Ceux qui étaient ainsi désignés ne se sentaient plus d'aise, loin de se douter que c'était un truc de Marlène, destiné avant tout aux photographes. Ce bras tendu, cet œil fixé sur un point précis donnaient aux clichés une acuité que l'on trouve rarement dans les photographies prises sur le vif au cours d'un spectacle.

Marlène n'était pas dupe de tous ces subterfuges. Elle savait qu'elle n'avait plus vingt ans. Mais lorsqu'elle entrait sur scène avec ce long manteau de cygne dont la traîne n'en finissait pas, ou lorsqu'elle saluait à la fin du spectacle sous les ovations du public, elle était toujours éblouissante. Avec l'humour en prime :

— Je sais que vous me lancez des roses pour voir si je peux encore me baisser. Mais si je ne les ramasse pas, c'est uniquement parce que j'ai peur de déchirer ma robe...

Musicalement, Marlène était consciente de ne pas être une chanteuse exceptionnelle, même si elle utilisait à merveille les inflexions de sa voix grave pour donner de ses chansons une interprétation personnelle et séduisante.

Ce qu'elle savait, elle disait le tenir en grande partie de son mentor dans ce domaine, le chef d'orchestre Burt Bacharach, avec lequel elle effectua de nombreuses tournées. Excellent arrangeur, accompagnateur exigeant, Bacharach fut longtemps la pièce maîtresse du one-woman show de Marlène. En plus de ses qualités de musicien, il était jeune et beau, ce qui ne gâtait rien. L'intimité qui règne en tournée rapprocha les deux artistes. Ensemble, jusqu'au milieu des années soixante, ils parcoururent le monde, de la Pologne au Brésil, d'Israël en Scandinavie. Ce fut probablement la dernière histoire d'amour de Marlène, une histoire telle que peuvent en vivre deux personnes unies par une admiration réciproque et une même passion pour leur métier.

Marlène a souvent été la confidente de Bacharach. Celui-ci était d'un naturel plutôt volage, son physique et son prestige le condamnaient à de nombreux succès féminins, son travail itinérant à autant de ruptures. Marlène le consolait — et allait même jusqu'à le soigner lorsque ses frasques lui valaient de légers désagréments physiques.

Bacharach avait apporté à Marlène l'appui dont elle avait besoin pour faire de sa « reconversion » en chanteuse une réussite professionnelle. De son côté, le chef d'orchestre devait à cette chanteuse sa reconnaissance internationale.

Marlène Dietrich : *Je ne vais jamais oublier un incident à Moscou, lors d'une panne d'électricité juste avant que le rideau se lève. J'attendais dans les coulisses, comme toujours, pour faire mon entrée, quand le chef d'orchestre, Burt Bacharach, courut vers moi en faisant signe aux techniciens de ne pas lever le rideau car les lumières des pupitres des musiciens ne marchaient pas non plus. Subitement, le premier violoniste se précipita vers les coulisses. Il parlait allemand et me supplia de dire à Bacharach que tous les musiciens connaissaient la musique par cœur et que le spectacle pouvait commencer sans les lumières. Le concert se déroula sans une fausse note ! À la fin, Bacharach embrassa tous les musiciens et je suivis son exemple.*

Marlène et son chef d'orchestre durent finalement se séparer, une séparation cruelle pour la chanteuse car elle fut à la fois professionnelle et sentimentale. Burt Bacharach décida de voler de ses propres ailes et devint la célébrité que l'on sait.

***

Pierre Cardin disait de Marlène : « C'est la femme qui m'a coûté le plus cher au monde. » Le fait est que la chanteuse lui en a fait voir de toutes les couleurs. Il ne lui en a pas moins offert ses plus beaux spectacles parisiens ainsi que ses adieux à la Capitale.

Cardin avait aménagé un théâtre qui était en fait un « espace » : il n'y avait pas de rideau pour séparer la salle de la scène, pas de parquet non plus mais un sol souple. Lorsque Marlène est venue inspecter pour la première fois cet Espace Cardin, ces innovations ne l'ont guère séduite. Avec son sens du détail, elle s'est aperçue en outre que les fauteuils n'étaient pas numérotés.

— Je vais inviter des gens très importants, qui viendront spécialement de Londres ou de New York, et ils ne sauront pas où s'asseoir, les meilleures places seront occupées...

Première chose donc, elle exigea que les fauteuils soient numérotés. Ce n'était pas bien méchant, Cardin exauça son vœu. Puis Marlène a demandé qu'on rétablisse le parquet. A ses yeux, une scène sans parquet n'était pas une vraie scène. Là encore, Cardin s'exécuta : il fit enlever le revêtement plastique qui lui avait coûté une fortune. Enfin, il fallut installer le traditionnel rideau de velours rouge, lui aussi fort coûteux.

Perfectionnisme d'une grande professionnelle ou simples caprices de star ? En ce qui concerne le rideau, Marlène ne faisait que suivre le conseil de son ami Orson Welles :

— Demande toujours qu'il y en ait un sur la scène car, au moment du salut final, si tu es morte de fatigue ou si des spectateurs montent sur scène, tu t'y accroches et tu ne le lâches plus.

Au début des années soixante-dix, Marlène commençait à connaître des problèmes de jambes. Ces fameuses jambes qui avaient fait sa gloire menaçaient de la trahir. Lorsqu'elle saluait le public, cette main agrippée au rideau lui donnait une stabilité qui lui permettait en outre de souligner les courbes de sa silhouette. Aujourd'hui, en revoyant ses photos de scène, je sais qu'elle avait raison. Ce que l'on prenait pour des caprices n'était le plus souvent qu'un désir de parfaire sa performance.

***

Lorsqu'elle me parlait du monde du cinéma et du spectacle, Marlène avait coutume de dire :

— J'ai été jetée dans ce milieu par hasard.

Coquetterie encore, mais il est sûr que Marlène n'avait rien de la femme du show-biz au sens vulgaire du terme. Quiconque veut essayer de la comprendre doit toujours garder à l'esprit qu'elle est issue d'une bonne famille, qu'elle a grandi dans la petite ville bourgeoise de Weimar, en Allemagne. Son père, officier prussien, est mort alors qu'elle avait une dizaine d'années. Sa mère se remaria avec un certain von Losch, lui aussi militaire de carrière, qui fut tué à son tour sur le front russe pendant la Première Guerre mondiale. Marlène savait ce que discipline militaire voulait dire.

La figure marquante de son enfance fut donc sa mère, femme de caractère, partisane d'une morale rigoriste. Les punitions sanctionnaient le moindre écart. Pas de laxisme chez les Dietrich : Marlène, dans ses Mémoires, se souvient ainsi qu'on lui interdisait d'utiliser le téléphone familial. Lorsqu'elle avait besoin de joindre ses amies, elle n'avait qu'une solution : la marche à pied.

Capable de tendresse à l'occasion, la mère de Marlène n'en donna pas moins à sa fille une éducation spartiate, aux préceptes moraux aussi stricts qu'indiscutables.

— Ça ne se fait pas, s'entendait dire Marlène à tout bout de champ.

Cette expression, elle devait par la suite la reprendre à son compte. Combien de fois l'ai-je entendue dans sa bouche ! C'était une de ses formules préférées, presque une devise, dans laquelle s'exprimaient aussi bien ses plus hautes exigences morales que son respect du protocole et de certaines idées reçues. On ne parle pas d'un mort à une femme qui est veuve : « ça ne se fait pas ». On n'arrive pas en retard chez les gens : « ça ne se fait pas ». Lorsqu'on travaille, on ne se laisse pas aller aux commérages.

Un soir, après un spectacle donné à Londres, Marlène était dans sa loge, déjà démaquillée, en jean, lorsqu'on vint lui annoncer :

— La princesse Margaret est là, elle demande à vous voir...

Marlène trouva cette visite impromptue de la plus grande impolitesse : « Ça ne se fait pas », aurait-elle voulu répondre. Mais finalement, elle se sentait flattée. Elle renfila sa robe en deux temps trois mouvements et fit sa révérence. Et puis, de toute façon, refuser de recevoir une princesse, « ça ne se fait pas ».

J'ai toujours noté chez Marlène un sens indéniable de la hiérarchie, qui faisait par exemple qu'on l'imaginait mal livrant son cœur à ses femmes de chambre, en qui elle n'avait pas une confiance immodérée.

Pourtant, à Hollywood, elle vivait quasiment avec ses coiffeuses et ses maquilleuses. Les tournages sous la férule de Sternberg étaient souvent éprouvants. Durant cet « âge tendre », il arriva à Marlène d'éclater en sanglots. Elle trouvait le réconfort auprès de ses habilleuses, qu'elle a énormément gâtées, les couvrant de cadeaux divers, allant même jusqu'à leur acheter une voiture ou un appartement ! Cette grande largesse ne l'empêchait cependant pas d'avoir des problèmes avec son personnel de maison, car elle était aussi extrêmement méticuleuse et donc difficile à vivre. Soumis aux pires tracasseries, de guerre lasse, les domestiques finissaient souvent par rendre leur tablier.

A Paris, Mme Odette Miron, sa femme de chambre, supporta pendant des années les exigences de Marlène. Après son départ, elle donna une interview à *Bunte* où elle se vengea en racontant qu'elle avait subi les lubies d'une femme volontiers tyrannique.

Encore possible au temps du grand faste hollywoodien, ce genre de relations était devenu parfaitement archaïque. Le matin, Marlène donnait à sa domestique une liste des courses très précise, détaillant les endroits où les achats devaient être effectués... et dans quel délai :

— Vous devriez être de retour dans une heure.

Si la malheureuse n'était pas rentrée dans les temps, Marlène pouvait décrocher son téléphone et appeler les commerçants :

— Est-ce que madame Miron est passée ? Et comment se fait-il...

Évidemment, à son retour, la « fautive » se défendait :

— Mais, madame, je dois faire la queue comme tout le monde.

« Tout le monde » ? Marlène était justement habituée à ce que le monde entier s'efface et s'ouvre devant elle. A Hollywood, elle n'avait qu'à claquer des doigts pour obtenir ce qu'elle voulait. Certes, il y avait des moments de tension sur les plateaux, mais son admiration pour le génie de Sternberg les lui rendait supportables, d'autant que le metteur en scène contribuait largement à faciliter la vie de sa vedette en lui épargnant toute préoccupation matérielle. Marlène prit le pli : dès lors, elle considéra toujours comme des incapables ceux de son entourage qui ne résolvaient pas les problèmes à l'allure qu'elle souhaitait, c'est-à-dire dans les plus brefs délais.

Face à l'injustice ou l'intransigeance de leur maîtresse, les domestiques étaient sans ressource. Lorsque faute d'argument elles risquaient un haussement d'épaules, Marlène entrait dans une colère noire. C'était un geste de mépris qui l'exaspérait. Chez ses femmes de chambre aussi bien que dans son entourage, elle ne tolérait pas la rébellion. Seul un homme comme Gabin pouvait mettre un frein à ses caprices :

— La Pruskott, tu commences à m'emmerder...

De tels actes d'autorité n'étaient pas d'ailleurs pour déplaire à Marlène. Mais les domestiques ne pouvaient évidemment se les permettre, et ils vivaient souvent dans la terreur des explosions de Mme Dietrich.

Pourtant, dans ce domaine comme dans les autres, Marlène était faite de contrastes. Lorsqu'elle rentrait de tournée, elle pensait toujours à rapporter des cadeaux pour Mme Miron. Je me souviens ainsi d'un superbe manteau en phoque qu'elle lui avait offert. Évidemment, Mme Miron n'avait jamais eu de sa vie une fourrure. Tout heureuse, elle partit le soir avec son manteau sur les épaules. Mais arrivée dans le métro, elle se fit traiter de tous les noms, sans comprendre ce qu'on lui voulait... Brigitte Bardot venait de lancer sa campagne pour la protection des bébés phoques. La pauvre Mme Miron a remisé son manteau et ne l'a plus jamais porté : elle s'est longtemps demandé s'il s'agissait d'un présent royal ou d'un cadeau empoisonné.

***

Si elle aimait s'habiller simplement, Marlène n'en avait pas moins gardé une passion pour les beaux vêtements. Elle dépensait des fortunes chez les grands couturiers, au premier rang desquels il y avait toujours Balenciaga et Chanel. Marlène se persuadait qu'elle faisait là une sorte d'investissement : parce qu'elle avait porté un tailleur une fois ou deux, elle pensait pouvoir le revendre le double le lendemain.

— Marlène, pourquoi acheter autant de choses ? lui demandai-je un jour, comme nous rentrions les bras chargés de paquets.

— N'oubliez pas que j'ai connu une époque où il était impensable pour une femme comme moi de porter deux fois le même vêtement ! Je devais toujours paraître avec quelque chose de nouveau, accessoires compris. Lorsque j'allais chez Chanel, j'achetais un tailleur, mais j'achetais aussi les gants assortis, le sac assorti, les chaussures assorties, et une fois que je les avais portés, il n'était plus question qu'on me revoie avec.

Les temps ont bien changé, puisque les stars d'aujourd'hui se contentent d'emprunter leur garde-robe chez les couturiers. Marlène, elle, achetait sans compter, ou... me chargeait de le faire. Ainsi, un jour, elle m'a envoyé chez Vivier : elle avait vu dans la vitrine du célèbre chausseur des bottes qui lui avaient plu. J'entrai donc dans la boutique, je désignai le modèle au vendeur et lui donnai la pointure requise.

— Très bien, monsieur. De quelle couleur les voulez-vous ?

— Donnez-moi tout ce que vous avez, lui dis-je sans sourciller. Et en plusieurs exemplaires. Il m'en faut cinquante paires.

Le vendeur écarquilla les yeux comme je l'avais fait quelques minutes plus tôt lorsque Marlène m'avait annoncé ce chiffre mirobolant : « Prenez donc cinquante paires, mon ange... »

Le vendeur m'examinait toujours en se demandant si j'étais un plaisantin, un malade mental ou si je trafiquais à la petite semaine avec les Émirats arabes. Devant ses soupçons et ses réticences, je dus lui faire comprendre à mots couverts qu'il s'agissait d'une commande pour Marlène Dietrich. Ce qui ramena un sourire sur ses lèvres : tout redevenait parfaitement normal.

J'ignore si Vivier a effectivement livré les bottes, mais je ne les ai jamais vues aux pieds de Marlène. Un jour que je me hasardai à lui parler de ces bottes, elle me répondit avec détachement qu'elles étaient quelque part dans la chambre de bonne, avec le reste.

Marlène disposait en effet d'une chambre de service, louée avec l'appartement, et dans laquelle elle entreposait tout ce qu'elle ne mettait plus. Au fil des ans, cette pièce était devenue une véritable caverne d'Ali Baba. En plus des robes et accessoires signés par les plus grands couturiers, il y avait tout un bric-à-brac d'objets divers dont Marlène rechignait à se débarrasser. Alors elle thésaurisait, même s'il ne lui serait jamais venu à l'idée d'aller fouiner dans ces amas de cartons qui s'élevaient jusqu'au plafond.

Marlène n'aimait décidément pas jeter. Un soir que j'allais chez elle, je me souviens de l'avoir trouvée dans sa cuisine, en train de manier le fil et l'aiguille.

— Eh bien, Marlène, qu'est-ce que vous faites ?

— Je reprise ce coussin.

— Vous reprisez ? Ce vieux machin en mousse ?

— Oui, on ne va tout de même pas le mettre à la poubelle...

Je restai confondu par cette femme qui pouvait un jour s'offrir cinquante paire de bottes chez le meilleur chausseur, et le lendemain prendre le temps de recoudre un coussin élimé pour une chaise de sa cuisine.

***

Un matin, je sortis de ma boîte aux lettres une enveloppe épaisse signée au dos par les seules initiales

M.D. Elle contenait une clé et un mot bref : « Voici la clé de l'appartement. Venez quand vous voulez. Marlène. »

Marlène m'offrait sa confiance. C'était un pas d'autant plus important dans notre relation qu'il survenait peu de temps après notre première rencontre.

Une poignée de personnes seulement disposait de cette clé. Il y avait bien sûr sa fille Maria, qui résidait à New York, et Ginette Spanier, une amie intime qui travaillait pour Balmain. A ma connaissance, les seules autres personnes à posséder un double étaient les concierges du 12, avenue Montaigne, qui montaient le courrier ou rendaient de menus services à Marlène. Certains devaient d'ailleurs par la suite faire un usage peu digne de cette confiance.

C'était donc un privilège distribué avec la plus grande parcimonie. Marlène, avare de mots tendres, trouvait ainsi le moyen d'exprimer son amitié. Mais elle semblait dire aussi : « A vous de vous en montrer digne. »

CHAPITRE 3

LA CARESSE ET LE COUP DE CRAVACHE

Louis Bozon : *Marlène Dietrich, vous pouvez parler de la guerre, car vous la connaissez. Vous avez arrêté de tourner à Hollywood pour vous engager dans l'armée américaine, alors que rien ne vous y obligeait. Pourquoi ?*

Marlène Dietrich : *Pour aider le pays qui m'avait accueillie, pour faire quelque chose de plus utile que du cinéma, et pour œuvrer en faveur de la paix dans le monde.*

L.B. : *C'est ainsi que vous vous retrouvez à Casablanca. Ce fut le point de départ de votre long périple à travers l'Europe. Votre guerre...*

M.D. : *Oui, à travers l'Europe, mais aussi le Groenland, l'Islande... On m'a envoyée partout où il y avait des soldats américains. C'était dur, la plupart du temps, mais comme j'ai une santé de fer, je suis restée jusqu'à la fin de la guerre.*

L.B. : *Et après la guerre ?*

M.D. : *Vous voulez dire la guerre européenne ?*

L.B. : *Oui.*

M.D. : *Pour nous c'était assez triste. Nous étions assis à attendre les ordres, car pour nous, Américains, la guerre n'était pas finie. On s'occupait des blessés et des morts et on attendait. Les soldats étaient d'une telle mélancolie que même moi, je ne pouvais rien faire pour ces milliers de jeunes qui ont survécu. Le soldat américain était un homme seul qui se battait sur un sol étranger.*

L.B. : *La guerre pour vous, Marlène Dietrich, était donc un événement énorme, mais il me semble que cela était quand même bien pour votre cœur et pour votre âme d'avoir risqué votre vie et aussi votre vie professionnelle pour la paix.*

M.D. : *Vous avez raison. Mais c'était une victoire amère quand même. Trop de morts, trop de misère, trop, trop...*

L.B. : *Vous avez reçu des médailles, vous en êtes fière ?*

M.D. : *Cela va sans dire. La médaille de la Liberté, la plus haute distinction que l'Amérique peut donner à un civil, a été la première. La Légion d'honneur, d'abord chevalier, puis officier, m'a beaucoup émue. Vous pouvez trouver ces médailles chez moi. Toutes sont encadrées avec soin, pour qu'elles ne soient pas perdues.*

***

Marlène avait quitté le luxe insouciant de Hollywood pour prendre part aux tournées d'artistes destinées à remonter le moral des troupes sur le théâtre des opérations. On lui avait donné le grade de capitaine, une forme de protection au cas où elle serait capturée par l'ennemi.

Le courage de Marlène était d'autant plus spectaculaire et les risques qu'elle encourait d'autant plus grands que beaucoup d'Allemands considéraient comme une trahison sa récente naturalisation américaine et son engagement dans les rangs alliés.

Au cours des années trente, Marlène avait vu arriver aux États-Unis de nombreux artistes ou écrivains allemands, de Fritz Lang à Thomas Mann, qui tous fuyaient la montée du nazisme dans leur pays. Elle-même n'était partie que trois ans avant l'accession de Hitler au pouvoir. Par la suite, ses séjours en Allemagne, entre deux tournages de film, auraient dû la convaincre de l'imminence du cataclysme. Mais je me souviens que c'est un sujet qu'elle n'aimait pas aborder :

— Je ne suis pas historienne, me disait-elle. Ce n'est pas à moi qu'il faut poser ce genre de questions.

Au fond, durant sa vie berlinoise, Marlène n'avait pas pris conscience de ce qui se passait, trop occupée qu'elle était à courir d'un film à une pièce de théâtre. Cet aveuglement qu'avec le recul elle a jugé coupable expliquait aussi son désir d'occulter la période allemande de sa carrière. Marlène n'a compris qu'*a posteriori* ce qui était déjà en germe à l'époque. Ce remords n'est certainement pas étranger à son engagement dans l'armée américaine : Marlène a toujours eu un sens aigu du devoir.

Sa guerre ne fut pas une guerre en dentelles. Après l'Afrique du Nord, elle fut envoyée sur le front dans les Ardennes, où elle essuya le feu ennemi et partagea la vie des soldats, dormant à la dure, supportant sans broncher la boue, les engelures ou les morpions. Son rôle : distraire les « boys », tenir le coup, montrer par sa présence que la situation ne pouvait pas être si grave.

Dans cette épreuve, quelle découverte pour Marlène ! Quand on songe que juste avant son départ, elle tournait *Kismet*, un des sommets du kitch exotique, façon Hollywood... Comme elle était loin soudain de toute cette futilité ! Et ces chansons offertes à des hommes qui risquaient leur vie, comme elles étaient plus poignantes que les répliques d'automates prononcées dans un décor de studio ! Aussi douloureuse fût-elle, cette vie-là était forte et dépourvue de faux-semblant...

Lorsque sur les photographies d'époque je revois Marlène en uniforme, son calot enfoncé sur la tête, ou partageant un rire gouailleur avec des soldats grimpés à l'arrière d'un camion, je me demande si cette image n'est pas plus proche de la Marlène que j'ai connue que celle de la « sophistication incarnée » si vantée par Hollywood. Au fond, la vie militaire n'était pas pour lui déplaire : obéir aux ordres, accomplir son devoir sans minauderies, voilà qui était dans son style : « Marche ou crève ! » La discipline ! La créature onirique des films de Sternberg avait en fait les pieds bien sur terre.

Le retour aux États-Unis à la fin des combats fut une période difficile. Marlène eut beaucoup de mal à se « réintégrer » à la vie civile, comme la plupart des soldats revenus du conflit. Elle le dit avec une certaine amertume, beaucoup d'Américains n'avaient pas même pris conscience qu'il y avait la guerre et ceux qui rentraient avec des béquilles, ceux qui avaient eu la jambe arrachée par une mine, ne reçurent pas toujours l'accueil qu'ils méritaient et que Marlène n'avait cessé de leur promettre en leur rendant visite dans les hôpitaux de campagne.

Elle-même éprouva ce sentiment de rejet. En 1945, lorsqu'elle revint à New York, elle était une valeur inexistante au sacro-saint box-office. Son agent lui téléphona pour lui dire :

— Surtout, ne signez plus un chèque, vous n'avez aucune couverture bancaire.

Marlène réussit cependant à retrouver le chemin des studios, et à tourner quelques films importants avec les plus grands réalisateurs, comme Billy Wilder (*la Scandaleuse de Berlin*, 1948), Hitchcock (*le Grand Alibi*, 1950) ou Fritz Lang (*l'Ange des maudits*, 1952). Mais elle avait dépassé la cinquantaine, sa cote faiblissait, même si sa légende restait intacte. Las Vegas lui offrit un véritable pont d'or pour qu'elle vienne chanter dans les casinos de la ville. Marlène, qui s'était découvert pendant la guerre une passion pour la scène, se jeta à corps perdu dans cette nouvelle carrière. Elle donna forme au « mythe » qui n'était jusqu'alors qu'une poussière d'étoile sur la pellicule. Mais avec le temps, on s'aperçut que cette gloire n'était pas aussi immortelle que Marlène l'aurait souhaité et qu'elle existait davantage sur le papier que dans la réalité.

***

— Pourquoi n'êtes-vous pas propriétaire de votre appartement ? demandai-je un jour à Marlène.

Elle possédait un appartement sur Park Avenue, à New York, mais n'avait jamais acheté à Paris.

— Depuis le temps que vous venez ici, que vous aimez la France...

— A mon époque, on n'achetait pas...

En fait, Marlène n'a jamais reçu de bons conseils en matière de placements financiers. A moins que son indépendance d'esprit ne lui ait fait négliger les mises en garde que lui prodiguaient les uns et les autres.

Car les moyens ne lui manquaient pas. Marlène a gagné des fortunes colossales : dans les années trente, son succès était tel qu'on la créditait du troisième plus gros salaire des États-Unis, derrière Randolph Hearst, le magnat de la presse, et l'explosive Mae West !

Mais elle a aussi beaucoup dépensé, pour elle et pour les siens. Son petit-fils Peter, un des quatre enfants de Maria, a retrouvé dans un garde-meuble de New York un journal dans lequel Rudi Sieber, le mari de Marlène, consignait toutes les extravagantes dépenses de son épouse depuis leur mariage. Il notait tout ce qu'elle avait fait au jour le jour, quel vin elle avait bu, quel parfum elle avait mis, quelles toilettes elle avait portées.

Marlène a largement distribué son argent à son entourage, offrant de somptueux cadeaux, volant au secours de sa famille, même si celle-ci ne demandait rien, ce qui n'alla pas sans créer à l'occasion quelques frictions. Mais ses petits-enfants lui doivent d'avoir été élevés dans les collèges les plus chics du monde, en Suisse.

Marlène avait également englouti des sommes considérables dans le ranch de son mari, une expérience agricole qui s'avéra un échec cuisant car le pauvre homme n'était pas plus capable d'élever des poulets que Marlène de devenir évêque. Mais là aussi, elle avait tenu à répondre aux désirs de son époux, alors qu'ils vivaient séparés depuis des années.

Tant que Marlène put signer des engagements, partir en tournée, tant que survécut son auréole dans le monde entier, l'argent afflua. Mais dès le début des années soixante-dix, ses apparitions en public se firent plus espacées. L'âge venant, la santé de Marlène se dégradait, son prestige s'essoufflait. Lorsque les tournées durent finalement cesser, la source d'argent se trouva brusquement tarie. Sans placement financier, Marlène se retrouva devant une réalité douloureuse.

Après avoir disposé de véritables fortunes, elle allait devoir connaître des difficultés d'argent. Rien de comparable bien sûr avec des demi-mondaines comme la belle Otero qui, après avoir eu pignon sur rue à Paris, est morte dans une chambre de bonne à Nice. Marlène continuait à vivre sur un grand pied, mais elle ne se rendait pas compte qu'elle ne pouvait plus se le permettre. Ce furent certainement des moments déchirants pour elle, même s'il n'était pas dans son tempérament de se lamenter sur son sort. Quand on a roulé carrosse avec équipage, quand on a vécu de palace en palace aux quatre coins du monde, quand on a possédé les plus beaux bijoux, les plus beaux tableaux, il est pénible de constater et d'admettre qu'on puisse manquer d'argent.

***

Les intimes de Marlène, ceux qu'elle accueillait chez elle à Paris, se comptaient sur les doigts.

Bernard Hall, son chorégraphe et garde du corps, passait de temps en temps lorsqu'elle avait besoin de lui, car il faisait également office de secrétaire. Leurs rapports furent toujours assez conflictuels. Au moment de la rédaction de son livre *Marlène D.*, par exemple, Hall venait souvent lui donner un coup de main. Mais la plupart du temps, ces soirées de travail se terminaient mal et il prenait la porte, chassé par Marlène ou incapable de supporter ses humeurs.

Parmi les rares personnes qui avaient accès au 12, avenue Montaigne, il y avait aussi Ginette Spanier, une compagne fidèle en dépit de leur disparité de caractère. Ginette était une femme comme on en trouvait alors à Paris, absolument fascinée par le métier de Marlène, envieuse peut-être du mode de vie que celle-ci représentait.

Épouse de médecin, Ginette travaillait chez Balmain, où elle était à la fois l'hôtesse polyglotte, la présentatrice des collections et l'égérie des ventes.

Fréquentant un certain nombre de vedettes, elle s'efforçait de les drainer chez Pierre Balmain. C'était le genre de femme qui pouvait vous inviter en disant :

— Oh, venez donc prendre un verre à la maison... Il y aura Laury et sa femme... (Laurence Olivier et Viviane Leigh.)

Marlène avait même vécu un temps chez elle, près de l'Étoile, avant de s'installer avenue Montaigne. Une cohabitation qui ne fut pas toujours du goût du mari de Ginette, lequel me confia un jour :

— J'ai eu de très mauvais rapports avec madame Dietrich : au bout de huit jours, elle ne me saluait plus. Je lui en ai même fait la remarque : « Marlène, vous êtes chez moi, vous pourriez au moins me dire bonjour, je ne voudrais plus me sentir un étranger dans ma propre maison... »

Tous les dimanches après-midi, Ginette Spanier rendait visite à Marlène avenue Montaigne. C'était un rituel absolu. Ce jour-là, je savais que je ne pouvais pas passer.

Puis Ginette est partie, comme Bernard Hall. Elle s'est installée à Londres où elle a fini ses jours.

Au fur et à mesure, Marlène perdait ses proches. Comme elle avait tendance à fermer sa porte aux anciennes connaissances et qu'elle refusait toute nouvelle intrusion, elle s'est peu à peu enfermée dans une solitude volontaire.

Avec Marlène, nous nous exprimions parfois en anglais, mais le plus souvent en français. En dépit de quelques fautes minimes de syntaxe, elle le parlait couramment et ne prenait l'accent allemand que lorsqu'elle le voulait bien.

A vrai dire, elle était si amoureuse de la langue française qu'elle se piquait de la posséder mieux que moi. J'avais heureusement des arguments à faire valoir et, dans ce domaine au moins, j'avais acquis une certaine autorité. Marlène me demandait comment traduire tel mot américain en français, ou si telle phrase pouvait s'écrire à un ministre. Les expressions idiomatiques la passionnaient :

— En français, vous dites « Ah bon ! » dans n'importe quelle circonstance. Même quand on vous annonce que votre mère est malade.

Pendant des jours, cela devenait une obsession et elle relevait triomphalement tous mes « Ah bon ! », jusqu'à ce que je n'ose plus ouvrir la bouche et lui montre la définition du dictionnaire, « interjection qui indique la surprise », laquelle ne réussissait pas à la convaincre. Pour elle, « bon » c'était bon : « gut », et c'était tout !

Marlène était très sévère à l'égard de l'allemand, auquel elle reprochait de s'être beaucoup trop américanisé. A tel point qu'elle ne reconnaissait plus la langue de Goethe.

— Quand je lis des magazines allemands, je ne sais plus si c'est de l'américain ou de l'allemand. Pourquoi retournerais-je dans un pays qui ne parle plus ma langue ?

Après un voyage en Israël, elle s'était mis en tête d'apprendre le yiddish, ce dialecte juif allemand qu'elle entendait à Berlin pendant sa jeunesse et qu'elle avait ensuite retrouvé à Hollywood. De nombreux auteurs hollywoodiens étaient en effet des émigrés juifs allemands qui truffaient les scénarios de mots empruntés à leur dialecte. Marlène m'avait même acheté un dictionnaire pour que je puisse plancher avec elle. Nous passions ainsi des heures à chercher l'équivalent français ou anglais d'expressions yiddish proprement intraduisibles. Bien sûr, elle n'était jamais satisfaite par nos approximations qui ne rendaient pas toute la richesse de l'expression originale.

Qu'elle soit ou non en période de spectacle, Marlène se levait toujours très tôt. Elle n'a jamais été une grande dormeuse. Dès que ses somnifères avaient cessé d'agir, elle sortait de son lit. Au petit matin, les employés du Plaza Athénée, le grand hôtel situé en face du 12, avenue Montaigne, la voyaient arroser ses géraniums.

Avant l'arrivée de la femme de chambre, Marlène buvait son café et triait le courrier de la veille. Ou bien elle m'appelait en disant :

— Louis, je ne vous réveille pas, bien sûr...

Parfois, elle me réveillait. Pourtant j'occupais déjà les premières tranches horaires de la journée à la radio, et j'étais donc moi aussi très matinal, donc disponible tôt. Ce fut sans doute une raison de plus à notre longue amitié : Marlène savait qu'elle pouvait m'appeler à n'importe quelle heure.

Elle ne s'en privait pas, et pour n'importe quelle raison : un renseignement pratique, une adresse qu'il fallait lui trouver au pied levé, un nom qui lui échappait, une date qu'elle avait oubliée...

Parce que j'étais journaliste, je devais tout savoir,

sur tous les sujets. Durant la nuit qui précéda la mort de Maurice Chevalier, elle m'appela plus de dix fois ! Elle voulait savoir où en était son agonie, elle téléphonait d'un aéroport, je ne pouvais donc la rappeler. C'est elle qui refaisait mon numéro... sans relâche, jusqu'à l'aube.

Ses demandes de renseignements étaient aussi variées qu'impératives.

— Vous qui travaillez à la radio, qui passe en ce moment chez monsieur Chancel ? Tâchez de m'obtenir un enregistrement de l'émission.

Ou bien c'était :

— Louis, vous pouvez me trouver le numéro de monsieur Untel ?

Et il ne s'agissait pas de lambiner. Lorsque je la rappelais au bout de cinq minutes, je m'entendais souvent dire :

— Trop tard, mon ange, trop tard : j'ai demandé à quelqu'un d'autre.

Et elle me raccrochait au nez.

Si je ne trouvais pas le renseignement voulu, elle feignait de n'en avoir aucun besoin, ou de ne l'avoir jamais sollicité :

— Mais Marlène, je n'ai pas rêvé, vous m'avez bien demandé...

— Aucune importance, disait-elle, aucune importance.

Toute sa vie, Marlène avait été habituée à être entourée de gens très dévoués, capables de répondre à chacune de ses questions. Son mari Rudi Sieber fut longtemps sa « mémoire ». Il était incollable sur la vie et la carrière de Marlène, depuis le jour de leur rencontre à Berlin, alors qu'il était assistant metteur en scène. Chaque fois qu'un détail lui échappait, elle appelait Rudi en Californie. A sa mort, en 1976, elle dit de lui :

— J'ai perdu ma mémoire.

De mon côté, à Paris, et dans la mesure de mes possibilités, j'avais en quelque sorte pris le relais de son mari.

***

Avant que Ginette Spanier ne partît vivre à Londres, et à une époque où une restructuration chez Balmain plaçait celle-ci sous la menace d'une retraite anticipée, Marlène, qui se faisait du souci pour son amie, décida de lui faire une fleur. Elle accepta de choisir différents modèles dans la collection de Balmain, qu'elle n'aimait pourtant pas beaucoup. C'était là une publicité bienvenue dont la maison de couture serait certainement redevable à Ginette Spanier.

Les séances d'essayage se révélèrent un véritable calvaire pour Ginette et pour les petites mains. Impitoyable, Marlène se contemplait dans le miroir, critiquant d'un haussement de sourcil ou d'un arrondi des lèvres tel pli qui ne tombait pas bien, tel revers qui semblait trop large, tel ruban inutile. Elle fit faire et refaire d'innombrables retouches. Ginette Spanier, au bord de la crise de nerfs, déploya cependant tous les efforts du monde pour satisfaire son amie et cliente.

Les robes furent enfin prêtes et approuvées. Marlène partit en tournée... Quelques jours plus tard, elle adressa un paquet à Ginette Spanier.

— J'ai pensé aussitôt à un cadeau de remerciement, me dit Ginette en me racontant l'anecdote. C'était même très touchant de sa part : elle s'était sans doute rendu compte qu'elle avait été odieuse et elle s'excusait en m'envoyant un présent.

Mais en ouvrant le paquet, Ginette eut la désagréable surprise de trouver la ceinture du peignoir de bain en éponge acheté chez Balmain quelques jours auparavant. Sur le dessus, il y avait cette note rédigée comme toujours en grosses lettres : « A refaire ! Indigne d'une maison de haute couture ! ».

Ginette s'effondra sur son bureau, en proie à une soudaine crise de larmes.

***

— Monsieur Bozon ?

— Oui ?

— Ici, la poste. Nous avons un paquet pour vous en douane.

— En douane ? De quoi s'agit-il ?

— Veuillez vous présenter à nos bureaux.

Je me rendis donc à la poste où l'on m'apprit qu'un petit colis adressé à mon nom, en provenance de l'étranger, paraissait suspect. En effet, une poudre non identifiée blanchissait les coins du papier d'emballage.

Nous étions en pleine affaire de la French Connection et un célèbre animateur de télévision avait été arrêté en possession de « substances illicites ». Les employés de la poste avaient pour consigne d'ouvrir l'œil.

En découvrant le paquet incriminé, je vis aussitôt les initiales M.D. Lorsqu'elle était en voyage, Marlène m'envoyait parfois de petits cadeaux.

— Vous voulez vraiment savoir qui est l'expéditeur ?

— Oui.

— C'est Marlène Dietrich, lâchai-je.

Loin d'apaiser les soupçons, ce nom ne fit qu'accroître la suspicion des postiers. Et s'ils venaient de lever un gros lièvre ?

— Eh bien, ouvrez-le, dis-je finalement.

Ils en furent quitte pour des excuses. Car il s'agissait en fait de boîtes de médicaments qui avaient souffert pendant le transport : pilules et gélules s'étaient transformées en poudre. Avant le départ de Marlène, j'avais dû lui dire que je souffrais d'un mal de gorge ou de quelque chose dans ce goût-là. Grande experte en pharmacie, elle m'avait envoyé de quoi me soigner, en y joignant ce mot :

— Ce médicament est miraculeux, c'est le docteur Untel qui me l'a prescrit, essayez-le !

Par la suite, je dus reprendre à plusieurs reprises le chemin de la poste. Marlène m'envoyait les présents les plus divers, mais le plus souvent des « potions magiques ». Ou bien des dragées qui sortaient de leur boîte et qui faisaient un bruit curieux quand on agitait le paquet. L'employé de la poste se disait : « Tiens, c'est bizarre, ça cliquette. » Et il fallait que je vienne pour qu'on ouvre le paquet en ma présence.

Ces petits déboires partaient d'une bonne intention, bien sûr. Hemingway disait qu'elle était « l'infirmière de tous les soldats ». Cependant, si quelqu'un s'était amusé à lui témoigner, à elle, ce genre d'attention, elle aurait certainement pris la mouche :

— Mais de quoi se mêle-t-il, celui-là ?

Les rapports privilégiés que j'entretenais avec Marlène étaient devenus pour moi une chose parfaitement normale et routinière. Mais cette amitié commençait à se savoir dans la profession et je pus m'apercevoir en maintes occasions que le regard porté sur moi par les gens avait changé. Je n'étais plus tout à fait le même homme aux yeux de mes amis ou confrères : j'étais celui qui avait accès chez Marlène Dietrich, celui à qui « l'Ange Bleu » téléphonait régulièrement. Mon salon était souvent encombré de fleurs envoyées par Marlène — des bouquets dont elle ne savait que faire et dont elle se débarrassait ainsi. Pour mes amis, dans le monde du journalisme et du spectacle, je représentais un des seuls liens qui existaient entre eux et l'actrice mythique.

Souvent, lorsque j'avais un dîner à la maison, Marlène me disait :

— Vous n'aurez pas le temps de le préparer, alors je vais le faire pour vous.

Son concierge ou un domestique me livrait donc à domicile un pot-au-feu ou une douzaine d'artichauts dans un panier. Très souvent, il y avait au menu de l'aspic de poisson, une de ses spécialités. Ce sont des poissons cuits très légèrement dans un court-bouillon succulent, et placés ensuite dans une gelée aromatisée. Marlène me les faisait apporter dans des boîtes Tupperware, dont elle était une fervente adepte : son réfrigérateur en était plein, de toutes les couleurs et de toutes les formes.

Lorsque mes invités étaient réunis autour de la table, j'apportai l'entrée en annonçant, flambard :

— Aspic de poisson Marlène Dietrich... préparé par Marlène Dietrich.

Et le dîner prenait aussitôt une autre envergure.

— Allô, c'est vous, Louis ?

La voix était plus rêche que d'habitude, la question inhabituelle : en général, lorsqu'elle avait besoin de quelque chose, Marlène n'y allait pas par quatre chemins.

— Oui, c'est moi. Que se passe-t-il ?

— Louis, vous parlez !

Elle prononçait distinctement chaque syllabe, en mettant l'accent sur la dernière. Je ne compris pas sur le coup.

— Je parle, oui, c'est mon métier, je suis animateur de radio...

— Vous parlez ! Nous avons dîné ensemble il y a deux jours...

— Oui, et c'était très réussi. Mais où voulez-vous en venir ?

— Je viens de lire dans un journal allemand le menu exact de ce que je vous ai servi ce soir-là. Vous avez donné une interview !

— Jamais je n'ai donné d'interview, Marlène ! J'ignore absolument comment ils ont pu savoir ça. Mais de toute façon, ça ne me semble pas très grave...

— Je ne veux pas que mes amis parlent à tort

et à travers et jusqu'à présent vous m'aviez habituée à plus de discrétion.

Je finis par reconstituer ce qui s'était passé. Bien sûr, j'avais fait une erreur. Le lendemain du dîner en question, j'avais rencontré un ami, Pierre Crey, attaché de presse chez Cardin. Et au hasard de la conversation, je lui avais raconté mon excellent repas chez Marlène.

Pierre était tombé peu après sur une journaliste allemande à qui il avait répété notre entretien. Et vingt-quatre heures plus tard, le menu que Marlène Dietrich avait servi à Louis Bozon s'étalait sur une page de journal ! Comme Marlène recevait pratiquement tout ce qui était publié sur son compte à travers le monde, elle avait eu connaissance de l'article, et savait bien que la source ne pouvait venir que de moi.

Elle ne m'en a pas longtemps gardé rancune. J'ai bien senti toutefois qu'il n'aurait pas fallu qu'un incident de cette nature se reproduise. Dès lors, cette petite mésaventure me donna une sorte d'appréhension de mon quotidien. Le moindre mot de ma part pouvait être exploité. Je ne pouvais plus mentionner à quiconque mes relations avec Marlène sans risquer de trahir la confiance qu'elle m'avait accordée. Je prenais conscience d'une responsabilité qui ne devait faire que croître au fil des ans, à mesure que Marlène se reposerait davantage sur moi.

Marlène a toujours été obligée de se protéger des paparazzi, des photographes ou même de ses admirateurs. Lors de son passage à l'Espace Cardin, elle avait dû grimper sur le toit des voitures pour échapper à la cohue enthousiaste. Elle avait interdit l'accès des coulisses aux photographes. Alors qu'il tentait de leur barrer le passage, son agent Marouani s'était fait casser le nez en prenant un mauvais coup dans la mêlée. Devant le 12, avenue Montaigne, des journalistes étaient de faction presque en permanence pour guetter la sortie de la star.

Cette forme d'agression allait croissant. On était passé du simple jeu professionnel à une intrusion dans la vie privée. Les photographes qui hier encore glorifiaient la beauté inaccessible de la star ne semblaient s'attacher aujourd'hui qu'à en souligner le caractère éphémère. En dépit de toute sa lucidité, Marlène ne pouvait que souffrir de cette évolution.

Et j'étais bien placé pour la comprendre. Nous étions tellement assaillis par des gens malintentionnés, par des photographes qui souhaitaient la mauvaise photo, que je finissais par me demander : « Comment peut-elle vivre éternellement ainsi ? »

Quand on est jeune, on se dérobe avec une pirouette, on galope, on saute un trottoir, on rit ou on fait semblant, comme Marlène, l'œil toujours vif. Mais avec l'âge vient la lassitude, on n'a plus la même réaction face à l'agression. Marlène commençait à avoir des problèmes de jambes. Lorsque nous marchions dans la rue, je remarquais qu'elle avait de plus en plus souvent recours aux subterfuges des personnes âgées ou souffrantes : elle ralentissait le pas et s'appuyait sur mon bras avec l'air de vouloir me souffler une confidence importante. Ou bien elle faisait mine d'avoir vu quelque chose d'intéressant.

— Louis, arrêtez-vous, on ne regarde jamais assez Paris...

Le temps de reprendre son souffle, elle levait les yeux sur un monument, sur un bel immeuble.

— A Paris, disait-elle, tout semble baigner dans une couleur bleutée.

Les forces lui revenaient et nous reprenions tranquillement notre marche.

Le hasard voulut que j'emménage avenue Montaigne, au numéro 26, à deux pas de chez elle. Comme elle avait toujours éprouvé une certaine fierté à habiter près de Christian Dior et des autres grands couturiers, j'eus la nette impression de monter dans son estime le jour où je m'installai à mon tour sur cette prestigieuse avenue. Je venais de faire apparition dans ce périmètre étroit que délimitaient ses quelques points de repère parisiens. Lorsque, quelques années plus tard, je déménageai à nouveau cinq pâtés de maison plus loin, ce fut pour Marlène comme si je m'exilais dans quelque contrée obscure. Elle ne me situait plus. A dire vrai, elle n'en avait guère besoin : Marlène n'est jamais venue chez moi. J'ignore si cette idée l'a seulement effleurée.

Mais elle se sentait certainement sécurisée de me savoir à deux cents mètres de chez elle. De mon côté, je n'avais pas prévu que cette proximité pouvait éventuellement devenir un fardeau. En effet, je devenais corvéable à merci, n'ayant plus d'excuse pour ne pas me précipiter au premier coup de sifflet.

Peu après mon installation, je reçus un appel de Marlène :

— Louis, venez vite, ils sont en train de couper mes arbres.

J'accourus aussitôt et trouvai des employés de la voirie qui élaguaient les platanes sous ses fenêtres. Comme toutes les personnes qui passent de longues heures enfermées chez elles, Marlène s'était attachée à « ses » arbres et à ce rideau de feuillage qui semblait la protéger des regards curieux. Je m'efforçai de la rassurer :

— Marlène, ils ne vous coupent pas vos arbres, ils sont seulement en train de les élaguer. Ne vous inquiétez pas : ils repousseront vite.

Autour de moi, certains s'étonnaient de ma constante disponibilité pour Marlène. Pour ma part, je n'y voyais que la conséquence de notre amitié. Au nom de cette amitié, il était normal que je rende service à Marlène, normal qu'elle puisse compter sur moi sans que j'attende quoi que ce soit en retour. Je crois que c'est ce qu'elle aimait en moi : j'étais là, je l'aidais de manière efficace, sans fioriture, sans lui demander le pourquoi du comment. Car s'il y avait une chose dont Marlène avait horreur, c'était le commentaire. Quand on lui posait trop de questions, ou quand on essayait d'obtenir des explications, elle répondait :

— *No comment !* Pas de com-men-taire !

Elle disait cela en accentuant fortement la syllabe nasale, sans qu'on sache jamais quelle était la part exacte de sincérité et d'autodérision dans cet agacement de star.

***

L'argent venant à manquer, Marlène décida un jour de se débarrasser d'une paire de boucles d'oreilles en diamants. Quelques années auparavant, elle avait déjà revendu pour une coquette somme un bijou que lui avait offert Maurice Chevalier.

— Maurice Chevalier ? Mais on dit qu'il était très radin...

— Pas avec moi, mon ange, pas avec moi.

Elle me confia les boucles d'oreilles. Je devais me garder de divulguer son nom car, bien légitimement, elle ne souhaitait pas que la rumeur se répandît qu'elle bradait ses bijoux. J'enfourchai donc ma bicyclette — c'est mon moyen de locomotion préféré à Paris — et je me rendis place Vendôme, chez Van Cleef et Arpels, où je fus reçu avec civilité en dépit de mon modeste équipage.

Lorsque je présentai les bijoux, je sentis cependant un certain malaise. Entrez chez un bijoutier de la place Vendôme pour lui proposer des diamants, et vous verrez qu'il est difficile de ne pas passer pour un truand qui tente de refourguer sa marchandise.

On me fit passer dans un petit salon baroque où l'on me pria d'attendre, seul. Me sachant observé à la dérobée, je ne savais quelle contenance adopter.

— Marlène, pensai-je, que ne me ferez-vous pas faire ? Grâce à vous, j'ai été soupçonné de trafic de drogue et maintenant de recel de bijoux...

Il fallut une bonne demi-heure pour effectuer toutes les recherches et demandes de renseignements sur ces bijoux. On vint finalement me chercher.

— Monsieur, si vous voulez bien nous suivre dans un autre salon...

Une discussion s'engagea. De toute évidence, les joailliers n'étaient pas chauds pour acheter. Il était clair que dans leur esprit subsistait le doute sur la façon dont j'étais entré en possession de ces bijoux. Pour faire avancer la négociation, je dus me résoudre à lâcher le morceau :

— Écoutez, je suis Louis Bozon et, tout à fait entre nous, c'est pour madame Marlène Dietrich.

Les visages s'épanouirent, la situation était éclaircie mais pas pour autant résolue : les bijoux ne les intéressaient pas. Je suis donc reparti avec mes boucles d'oreilles dans la sacoche de vélo pour aller rendre compte de l'échec de ma mission.

A ma grande surprise, Marlène resta imperturbable.

— Aucune importance, on trouvera une autre solution.

Elle finit par vendre ces boucles d'oreilles, fort mal d'ailleurs. Cette déconvenue fut un peu atténuée par la bonne vente... de ses faux bijoux de scène qui trouvèrent acquéreurs aux enchères, à Drouot : une femme mit le prix qu'il fallait pour récupérer les bijoux de Marlène Dietrich, ainsi que divers objets lui appartenant. On a prétendu, sans preuve, que Marlène faisait elle-même grimper les enchères par téléphone.

Peu importe, à mon sens. En revanche, je me suis souvent demandé si Marlène avait perçu le caractère symbolique de ce paradoxe qui faisait que ses faux bijoux se vendaient mieux que les vrais, de même que l'image fabriquée de Marlène Dietrich avait pris le pas sur l'authentique.

***

En hommage à son engagement durant la Seconde Guerre mondiale, le général de Gaulle avait décerné à Marlène Dietrich le titre de chevalier de la Légion d'honneur. Pompidou l'éleva au rang d'officier. Il fallait donc que Marlène se rende à l'Élysée afin de se voir remettre cette décoration des mains du président de la République.

Pour l'occasion, elle avait besoin d'une nouvelle robe. Je l'accompagnai chez le couturier Karl Lagerfeld. Comme toujours, les essayages furent longs et difficiles. Rien ne semblait contenter Marlène, et le couturier s'arrachait les cheveux. Il dut finalement improviser une robe en quelques heures...

Pendant la cérémonie de remise de médaille, Marlène eut le temps d'échanger quelques mots avec Pompidou, à qui elle trouvait l'air fatigué.

— Avec tous vos soucis, vous ne devez pas bien dormir, lui dit-elle.

— En effet, je dors très mal.

— Je connais un somnifère formidable. Je vous en enverrai.

Incorrigible infirmière ! Quant à moi, je n'étais pas de la cérémonie. Marlène ne m'avait pas invité. Après les multiples essayages chez Lagerfeld, pour lesquels j'avais sacrifié mon temps, j'avais naïvement exprimé le vœu d'assister à ce moment solennel. Marlène m'avait jeté son fameux regard de biais, avec cette moue de dédain que lui avait enseignée Sternberg...

— Pourquoi seriez-vous là ?

Pourquoi, en effet ?

Une caresse, puis le coup de cravache... Cocteau ne croyait pas si bien dire. Un soir que je dînais chez Marlène, elle me raconta qu'elle était allée chez Balenciaga pour assister à une présentation privée de la collection. Assise devant elle, Marlène avait reconnu Audrey Hepburn.

— Cette femme est un ange ! Quelle beauté, quelle grâce !

Elle portait une tunique de soie noire presque transparente qui lui allait « divinement ». Mais un détail avait intrigué Marlène, une rangée de boutons qui courait dans le dos de la jeune actrice. Curieusement, ces boutons étaient sous la tunique. Marlène s'étonnait de cette curieuse faute de goût de la part d'une femme aussi élégante. Elle s'approcha un peu pour s'assurer qu'elle ne se trompait pas :

— Mon ange, savez-vous ce que c'était ? C'était sa colonne vertébrale... Cette pauvre fille est maigre à faire peur !

***

— Louis, j'adore ce que vous portez là.

Je crus qu'elle plaisantait. Je portais un blouson acheté trois cents malheureux francs chez Newman. De la part d'une habituée de Balenciaga, Chanel ou Dior, le compliment pouvait surprendre.

Mais il n'était pas ironique. Mieux, Marlène insista pour que je l'emmène acheter un blouson identique.

Aussitôt dit, aussitôt fait, nous nous présentons dans une boutique Newman, avenue Mozart. Les vendeurs qui n'en croient pas leurs yeux ne se montrent pas particulièrement discrets.

— C'est elle, dites, c'est Marlène Dietrich ? me demandent-ils.

— Madame Dietrich voudrait un blouson comme le mien.

Empressement général. On lui tend un blouson qu'elle enfile. Évidemment, elle n'a pas la même carrure que moi et le résultat n'est pas très seyant. Marlène essaie toutes les tailles, se regarde pendant de longues minutes devant la glace, soulevant une épaule, tirant sur un pan, avec une moue peu convaincue, sous l'œil anxieux et servile des vendeurs.

— Hum... Hum... Oui...

— Quelque chose ne va pas, madame ?

— L'épaule est trop basse, décrète-t-elle.

— Qu'à cela ne tienne, je peux la retoucher, s'empresse d'affirmer le vendeur.

— C'est un travail très délicat, réplique Marlène en femme à qui on ne la fait pas. Chez Chanel, il faut compter au moins deux jours...

Évidemment, on n'était pas chez Chanel et nous sommes repartis sans rien acheter.

Marlène aimait rire et savait se moquer des autres comme d'elle-même. Lorsque nous étions assis à la terrasse d'un café ou dans une salle de restaurant, elle s'amusait à brocarder les passants ou nos voisins de table. Comme elle avait de l'esprit et un sens de l'observation très aigu, ses railleries étaient aussi drôles que méchantes et nous passions des soirées à nous divertir comme des enfants.

— Louis, regardez cette femme, elle a l'air d'une poule qui a trouvé un couteau. Et cet homme, là, tout seul, vous avez vu la tête qu'il a ? Regardez-le manger ! Vous avez vu ses mâchoires ? On dirait un porc. Vous l'imaginez dans un lit avec sa femme, c'est une horreur...

— Marlène, attention, il va nous remarquer.

Il arrivait en effet que celui qui faisait les frais de la conversation s'aperçoive des regards insistants que lui lançait Marlène. Le plus curieux, c'est qu'il les prenait pour des œillades. Toussotant, la serviette à la main, il se présentait alors à notre table : il repartait souvent sans même avoir eu le temps d'ouvrir la bouche, foudroyé par un regard glacial.

Marlène était aussi capable de véritables fous rires. Ainsi lorsqu'elle évoquait le jour où son agent Marouani s'était fait casser le nez par une meute de photographes. Au milieu des marques de compassion, elle ne pouvait réprimer son hilarité :

— Ce pauvre Eddy... Il voulait me protéger... Et il a pris un coup dans la figure...

Pourtant, Marlène ne m'apparut jamais comme une femme d'une gaieté insouciante. Ses éclats de rire se teintaient toujours d'une certaine mélancolie, sa joie de vivre n'allait pas sans gravité.

Optimiste, Marlène l'était non par nature, mais

par volonté, parce qu'elle comprenait qu'il fallait l'être envers et contre tout.

***

Je venais de passer chez Marlène et j'avais oublié de prendre une enveloppe qu'elle avait préparée à mon intention. Comme je sortais sous les arbres de l'avenue Montaigne, j'entendis appeler mon nom. Levant les yeux, je vis Marlène à sa fenêtre.

C'était la première fois — et la dernière — que je la voyais sortir ainsi sur ce balcon. Sa silhouette était d'autant plus sublime que sa pose n'avait rien d'étudié. Elle se pencha légèrement par-dessus la balustrade pour laisser tomber la lettre. Dans ce mouvement, ses cheveux tombèrent sur le visage, caressant ses pommettes.

J'ai attrapé maladroitement la lettre, Marlène m'a fait un signe de la main, et je me suis senti un peu l'âme d'un Roméo...

CHAPITRE 4

QUE RESTE-T-IL DE NOS AMOURS ?

Marlène se méfiait comme de la peste du romantisme, toujours suspect de sentimentalisme. Dans sa bouche revenait souvent un mot yiddish, repris par l'argot américain, et qu'elle prononçait avec le plus grand mépris :

— *Schmatzy !*

Elle fustigeait ainsi tout déballage de sensiblerie déplacée. Un matin, elle était descendue acheter ses journaux au Plaza Athénée, à deux pas de son appartement de l'avenue Montaigne. En traversant le hall du grand hôtel, elle a soudain entendu une mélodie au piano qui venait de quelque part dans le bar.

— Je me suis arrêtée pour écouter, me raconta-t-elle. La musique, le décor, tout me rappelait Vienne, où j'avais séjourné avec mon mari et ma fille Maria, après le tournage de mon premier film à

Hollywood. Un flot d'images m'est revenu à l'esprit et je me suis sentie prise d'une telle tristesse... J'ai horreur de cela. Je me suis vite ressaisie. Il ne faut pas s'appesantir sur ces choses-là. Il faut continuer le chemin...

Réaliste, Marlène savait qu'un passé heureux ne constituait en rien une promesse de bonheur pour les vieux jours, ni un baume en cas de malheur. Plus grave, trouver refuge dans ses souvenirs était à ses yeux une indiscutable preuve de faiblesse morale.

Ainsi n'était-elle guère sujette aux vastes épanchements. Parfois, ici ou là, affleurait un écho du passé, une nostalgie. Jamais de longs sanglots, juste une émotion, une larme discrète, aussitôt effacée, par pudeur ou par désenchantement.

Marlène m'avait raconté le sort affreux qu'avait connu Zbigniew Cybulski, un acteur pour lequel elle avait une grande admiration. Ce James Dean polonais avait acquis une réputation internationale après son rôle dans *Cendres et Diamant*, le film d'Andrzej Wajda. Marlène avait fait sa connaissance lors d'une tournée en Pologne. Lui était tombé sous le charme et avait décidé de suivre la chanteuse. Il avait trouvé la mort en tentant de prendre en marche le train qui l'emmenait vers Varsovie. Broyé sous les roues. Aux dires de Marlène, Cybulski s'exclamait sans cesse, avec l'accent d'un fatalisme slave :

— Quelle tristesse !

Marlène avait repris cette expression à son compte. Mais dans sa bouche, cela voulait dire : « N'ayons pas de regret, la vie est ainsi faite. » C'était devenu entre nous un leitmotiv. Lorsqu'elle évoquait un drame qui la touchait de près ou de loin, elle me disait en soupirant :

— Quelle tristesse ! Qui disait ça, mon ange ?

— Cybulski, répondais-je invariablement.

Et un sourire réapparaissait sur ses lèvres.

***

Dans la salle de séjour, sur un pan de mur, Marlène avait accroché les portraits de gens qu'elle aimait ou qu'elle admirait, comme le pianiste Svatoslav Richter ou Alexander Fleming, le découvreur de la pénicilline, un des héros de son panthéon. Elle l'avait d'ailleurs rencontré et il lui avait donné une petite ampoule de pénicilline qu'elle avait fait encastrer sous le verre de son portrait.

Sur « le mur aux portraits », il y avait surtout les êtres proches de son cœur : ainsi, une superbe photographie de Maria, resplendissante, tenant dans ses bras un enfant de quelques mois. Ou bien une photo de Gabin, au temps de la division Leclerc, avec encore son visage de jeune premier, la mèche en avant. Une autre de Gabin, plus âgé, où il se tient baissé : on voit sa tête blanche et, de profil, sa fille qui l'embrasse sur la joue. C'était une des photos préférées de Marlène. Il y avait aussi un portrait de Maurice Chevalier, accompagné d'une lettre de sa main, et des photographies des amis de toujours, comme Ernest Hemingway ou Noël Coward.

Marlène a aimé et a été aimée. Si elle s'est quelquefois laissé choisir, ce fut toujours par des êtres exceptionnels. Dans ses Mémoires, où elle reste somme toute très discrète sur le sujet, elle écrit :

« J'ai rencontré sans m'arrêter beaucoup d'hommes merveilleux, tel un navire qui en croise d'autres dans la nuit, mais je crois que l'amour de ces êtres fut plus durable que si j'avais été un navire ancré dans son port. »

Tout est dit en ces quelques mots : ce furent des histoires hors du commun, intenses, parfois houleuses, toujours vouées à l'éphémère, sur fond de solitude. Marlène était une femme exigeante, et cette exigence qui la rendait fidèle en amitié faisait d'elle une irrégulière en amour.

La femme que j'ai connue revenait peu sur ces rencontres passées. Parfois pourtant, lorsque nous étions seuls, une confidence lui échappait naturellement. Mais pas de révélation scandaleuse à attendre ici. Car si on a pu prêter de multiples liaisons à Marlène, je crois qu'elle fut avant tout victime de sa réputation de « vamp ». Ses amours furent rares, et le sexe n'y avait pas grande importance. Pour Marlène, le sexe était toujours secondaire, elle l'a souvent dit :

— Oui, je suis entrée dans le lit des hommes que j'ai aimés et qui m'ont aimée, mais j'y suis allée contrainte et forcée car lorsqu'on ne couche pas avec un homme qui vous aime, il vous quitte...

La séductrice de *l'Ange Bleu* n'était pas pour autant frigide, mais comme beaucoup de femmes très courtisées, elle ne prenait pas les prouesses érotiques au sérieux :

— Quand ils voulaient absolument me prouver leur virilité en me faisant grimper au lustre ou en me faisant traverser la pièce dans les positions les plus inconfortables, j'avais l'impression de faire de l'acrobatie et j'attendais tranquillement que ça se passe.

Ce dont elle avait besoin avant tout, c'était de se sentir protégée. Une protection qui pouvait être physique — ce que lui offrait Jean Gabin — ou intellectuelle — ce fut le cas d'Hemingway. Au demeurant, je crois que son amour pour ce grand écrivain a toujours été platonique. Ils se sont rencontrés un peu avant la guerre lors d'une traversée en paquebot, et sont restés en contact jusqu'au suicide d'Hemingway en 1961. Une des lettres qu'ils ont échangées a été publiée à la mort de Marlène. Hemingway était le camarade, le géant, le « rocher de Gibraltar », celui à qui elle pensait certainement en écrivant dans son livre : « L'amitié est le rapport humain le plus important, sa portée dépasse de loin celle de l'amour. »

Autre ami, autre amour : Erich Maria Remarque. Marlène avait fait sa connaissance à Venise dans les années trente. Ils s'étaient découvert la même passion pour la poésie allemande. Mais c'est la Seconde Guerre mondiale qui devait les rapprocher en leur faisant partager l'exil sur le sol américain et la haine du régime hitlérien.

Chez Remarque, Marlène aimait l'intellectuel, l'auteur sensible et pacifiste de *À l'ouest rien de nouveau* ou de *Trois Camarades*. Je ne commets pas d'indiscrétion en disant que leurs rapports sexuels étaient inexistants : Remarque buvait beaucoup et son alcoolisme le rendait notoirement impuissant. Mais je ne crois pas que Marlène en ait jamais souffert car les liens qui les unissaient étaient d'une tout autre nature. Remarque trouvait en Marlène un baume à ses tourments ; quant à elle, son dévouement pour l'écrivain satisfaisait aussi bien son admiration que son côté « bon samaritain ».

En entrant un jour chez Marlène, je l'entendis crier dans le téléphone :

— Mademoiselle, ne riez pas, c'est un très grand écrivain... Il est en train de mourir...

Ulcérée, elle raccrocha violemment le combiné.

— Marlène, que se passe-t-il ?

— Il se passe que monsieur Erich Maria Remarque est sur son lit de mort et que j'essaie de lui envoyer un télex mais je suis tombée sur une standardiste imbécile. Quand je lui dicte « Erich » puis « Maria », elle me demande avec une voix niaise si « c'est un homme ou une femme » ! Vous ne voulez pas vous en charger ?

Je pris le téléphone et obtint la même standardiste à qui je fis un bref exposé de littérature allemande. Le télex put enfin être adressé à la clinique où se trouvait Remarque. Malheureusement, il arriva trop tard.

***

Louis Bozon : *Vous voulez parler de Jean Gabin ?*

Marlène Dietrich : *J'aime parler de lui. Il était, et je déteste user de ce verbe au passé, un homme doux et tendre qui s'attachait à moi comme un animal s'attache aux adultes de sa race. Je l'ai connu à Hollywood comme j'ai accueilli tous les Français émigrés. C'est Jean Renoir qui me l'a amené. Je lui ai appris l'anglais quand il devait faire un film. J'ai essayé de lui rendre la vie la plus facile, et il m'a aimée comme moi je l'ai aimé. Pour moi, c'est une de ces pertes qu'on sent jour et nuit.*

Gabin aura été sans conteste l'homme de sa vie. Elle l'a aimé passionnément, charnellement même, comme on a pu le lire dans certaines lettres qu'elle lui a écrites et où elle apparaît comme une véritable amoureuse. Mais là encore, ce qui a le plus compté avec Gabin, c'est la tendresse qu'il lui apportait. Elle me disait souvent :

— Ce qui est merveilleux, ce n'est pas tant de coucher avec quelqu'un, ni même de s'endormir dans ses bras. Non, ce qui est merveilleux, c'est de se réveiller à ses côtés. Mais j'ai toujours pensé que c'était le plus difficile...

Ce qu'elle aimait chez Gabin, c'était cette espèce de sentiment un peu fruste, un peu brutal, cet amour sans partage que lui vouait l'acteur français. A Hollywood, il l'avait séduite par son caractère entier, dans la franchise comme dans la colère. Gabin l'avait devancée en s'engageant dans les Forces françaises libres. Lui aussi avait connu la peur et la mitraille ennemie. Leur chemins s'étaient même croisés brièvement sur le front, Gabin avait sauté de son blindé pour étreindre Marlène, avant de réintégrer son régiment sur le départ. Ils avaient partagé cette horreur et cette exaltation, puis l'amertume du retour et l'aversion à l'égard des « planqués » de l'arrière.

Gabin était d'une jalousie féroce, ce qui pour Marlène devait contraster avec l'attitude toujours si conciliante de son mari Rudi.

— Quand nous étions à Paris, après la guerre, il me faisait des scènes de jalousie et me battait. Parfois, je sortais en claquant la porte. Un jour, je me suis retrouvée sur les Champs-Élysées avec un superbe œil au beurre noir. Il y avait déjà des prostituées sur l'avenue et elles venaient vers moi, m'adressaient la parole, persuadées de trouver une consœur qui s'était fait « corriger » par son souteneur ! Vous voyez, Louis, on n'échappe pas à son destin de femme de petite vertu...

Ces mauvais traitements Marlène les supportait car, au fond, cela correspondait à l'image qu'elle se faisait de l'homme « fort », le contraire de la femmelette, celui qui porte crânement la culotte. Et puis l'attitude de Gabin correspondait aussi à une certaine idée du Français râleur, mauvais garçon à ses heures, parlant avec cet argot qui la fascinait et qu'elle imitait souvent à tort et à travers. Lorsque quelqu'un ou quelque chose l'importunait, elle se tournait vers moi et me disait :

— Quelle était l'expression de Gabin, déjà ? « Va te faire e... par les Grecs » ?

Lui était prêt à l'épouser, il voulait des enfants d'elle. Marlène a refusé, par un curieux sens du devoir conjugal. Elle était la femme de Rudi Sieber et elle comptait le rester jusqu'à sa mort. Marlène ne voulait pas envisager le divorce. Longtemps, elle a espéré naviguer entre deux eaux, mais cela n'a pas été possible indéfiniment. Marlène est partie tourner un film, Gabin en a profité pour en épouser une autre le plus vite possible, comme pour bien montrer à Marlène que tout était fini. Ils ne se sont jamais revus.

***

Louis Bozon : *Je vois que vous fumez, Marlène Dietrich ?*

Marlène Dietrich : *J'ai commencé à fumer pendant la guerre. J'en ai gardé l'habitude depuis. Cela me permet de rester en bonne santé. L'excès de cigarettes est mauvais, comme tout excès, que ce soit de plaisir, d'aspirine, ou même d'amour. Quelques cigarettes par jour ne font aucun mal. L'exagération est dangereuse dans tous les domaines.*

L.B. : *Alors, vous, Marlène Dietrich, vous n'exagérez jamais ?*

M.D. : *Non, c'est pour cela que je suis en bonne santé. Je me casse toujours les os, c'est tout. C'est très ennuyeux, je reste si longtemps dans les plâtres. Je me suis cassé les chevilles, les jambes, les épaules. Mes os sont fragiles, hélas ! Et comme je n'ai jamais fait d'exercices car je les déteste, je ne m'en remets pas aussi vite que d'autres. Naturellement, les épaules ou les bras cassés, cela ne me gêne pas du tout. J'ai fait une longue tournée avec une épaule cassée.*

***

Marlène se casse la jambe à Paris. J'appelle aussitôt un célèbre chirurgien qui arrive les mains dans les poches et ausculte rapidement la patiente.

— Madame, ce n'est rien, je vous opère demain, et dans huit jours vous remarchez.

Sceptique devant tant d'optimisme, Marlène refuse. Je fais venir alors un autre grand spécialiste. Réaction immédiate de Marlène après sa visite :

— Il ne m'a pas pris la tension.

— Mais c'est un grand professeur, il n'a pas besoin de tensiomètre...

— On prend toujours la tension d'un malade. Non, c'est décidé, je me ferai opérer aux États-Unis.

C'était le début des ennuis.

— Mais enfin, ce n'est pas raisonnable, vous feriez bien mieux de...

— Louis, trouvez-moi un avion qui m'emmène à New York. Téléphonez à la Pan Am. Mais ne dites pas qu'il s'agit de moi.

J'appelle la compagnie américaine. Chou blanc.

— Marlène, ils n'ont pas d'avion sanitaire.

— Pas d'avion sanitaire ? Qu'allons-nous faire ?

— Si je dis que c'est vous, la Pan Am pourra vous réserver une dizaine de sièges...

— Ah non ! Surtout pas ! Je veux voyager incognito. On ne me verra pas sur une civière.

Intense réflexion de Marlène. La conclusion jaillit :

— Appelons Kissinger !

Rien que ça. Le secrétaire d'État américain !

— Oui, c'est ça, opinai-je comme un somnambule, on va appeler Kissinger.

Le plus extraordinaire, c'est que Marlène Dietrich aurait pu se permettre de téléphoner à n'importe qui. N'aimait-elle pas rappeler que Dietrich, en allemand, est le nom qu'on donne à une clé qui ouvre toutes les serrures ? Le prononcer suffisait en effet à ouvrir bien des portes. Mais de là à déranger Kissinger pour une jambe cassée !

Je choisis donc une autre solution : j'appelle l'attaché de presse de la Pan Am, que je connais vaguement, et je n'hésite pas à trahir le secret pour le bien de l'intéressée :

— Écoutez, cela reste strictement entre nous, mais il s'agit de Marlène Dietrich. Vous devez faire un effort. On ne va quand même pas faire venir un avion de l'armée américaine !

— Bon, entendu, on va s'arranger.

— Vous avez des ambulances ?

— Non, mais nous travaillons avec une société. Je vous donne l'adresse...

Je téléphone à la compagnie d'ambulances.

— Vous pouvez venir demain chercher une dame au 12, avenue Montaigne pour l'emmener à l'aéroport ?

— « Pas de problème. »

Très satisfait de mon efficacité, je vais communiquer la nouvelle à Marlène :

— Tout est arrangé. La civière sera là demain. L'ambulance est accréditée par la Pan Am et vous n'avez absolument rien à craindre.

Marlène fronce les sourcils, je sens que les

rouages de la mécanique de précision se mettent en branle :

— Avez-vous demandé s'il y a des sangles sur la civière ?

— Euh... Non, il me semble que cela va de soi...

— Vous n'avez pas demandé ?

— Marlène, il n'y aura pas de problèmes.

— C'est toujours ce que vous dites, vous les Français, me répète-t-elle pour la énième fois.

Le lendemain, quand la civière arrive, évidemment il n'y a pas de sangles.

— Alors nouez-moi dans un drap.

Ce que font les ambulanciers. Malheureusement, il y a plus grave. Nous nous apercevons avec horreur que le couloir est trop étroit pour permettre les mouvements de la civière en position couchée. Après plusieurs tentatives infructueuses, il faut se résoudre à enlever Marlène de sa litière intransportable. Un infirmier se porte volontaire pour soulever la malade.

— Non, pas vous. Je veux monsieur Bozon.

Je prends donc Marlène dans mes bras, en la tenant de profil. Je suis plutôt costaud mais ce genre d'exercice peut vite devenir une torture. D'autant plus vite que je n'arrive pas à passer la porte d'entrée. Impossible d'ouvrir les deux vantaux. Et pour cause ! C'est moi qui ai bloqué les serrures à coup de marteau le jour de ma première rencontre avec Marlène. Là, tout d'un coup, j'ai la nette sensation qu'elle me le reproche en silence. En grimace.

Rien à faire, sinon demi-tour. Je viens d'avoir

une idée lumineuse : nous allons emprunter la porte de service, plus grande que cette moitié de porte d'entrée. Pour atteindre la cuisine, nous passons par le balcon, plus large que le couloir.

Arrivés dans l'escalier de service, nouvel obstacle. Et de taille. L'ascenseur n'est pas assez large pour que je tienne Marlène à l'horizontale. Je dois donc la faire légèrement basculer en avant. La position est aussi inconfortable pour moi que pour Marlène. Plus pour elle. Elle se met à hurler jusqu'à ce que la cabine atteigne enfin le rez-de-chaussée.

Je tourne tant bien que mal la poignée de la porte de sécurité, je pousse celle-ci du pied, je sors à reculons, je pivote. Mes bras me tirent de façon atroce. A pas pressés, le souffle court, je tourne à droite, j'ouvre la porte qui doit donner dans le hall, vers l'avenue...

Je me retrouve dans une salle de conférence, face à une quinzaine d'hommes en costumes trois-pièces réunis autour d'une grande table ovale. Tous les visages se sont tournés vers cette dame qui pousse des cris stridents dans les bras d'un olibrius à l'air ahuri et certains manquent de tomber de leur chaise en reconnaissant la blessée.

Je rebrousse chemin en bredouillant quelques excuses. Impossible de trouver la bonne porte : je n'ai jamais pris l'escalier de service, je suis perdu. Enfin, à bout de forces, je débouche dans le hall d'entrée. Les infirmiers m'attendent tranquillement près de leur ambulance, garée sur l'avenue. Je leur remets mon glorieux fardeau. Ils hissent la civière à l'arrière du véhicule et je les regarde partir en direction de l'aéroport, en poussant un soupir de soulagement.

Marlène a certainement regretté son entêtement car elle a souffert mille morts dans les hôpitaux new-yorkais. Bien sûr, elle se garda bien de reconnaître qu'elle aurait dû suivre mes conseils. Mais quelques jours après son départ, je reçus une lettre et une photo qu'elle avait dû prendre elle-même. C'était son pied en extension, emplâtré. Au revers de la photo, je lus : « Cher Louis, c'est moi, vous pouvez publier. Marlène. »

***

Après la chute du shah d'Iran, la propriétaire de l'appartement avenue Montaigne, une Iranienne, décida de récupérer son bien. Marlène fut contrainte de faire ses valises. C'est à moi qu'incomba la tâche de lui trouver un nouveau logement.

Marlène rechignait à quitter cette avenue qu'elle adorait. Elle s'y était installée dès les années cinquante, avant même que l'endroit ne devienne le siège de la haute couture. Il y avait aussi le Plaza Athénée, où elle avait ses habitudes : les portiers lui rendaient de petits services, comme envoyer un télégramme ou aller chercher des journaux dans le kiosque du grand hôtel si elle ne pouvait pas se déplacer. Et puis Marlène avait ses commerçants attitrés de la rue Marbœuf, son boucher qui livrait à domicile. Bref, elle avait fait son trou et ne voulait pas en sortir.

J'appris par les concierges qu'il y avait un appartement libre à la même adresse, mais dans un immeuble donnant sur la rue Jean-Goujon, et non plus sur l'avenue Montaigne. Celui-ci était évidemment moins prestigieux que celui qu'elle quittait. Plus petit, en mauvais état, le nouvel appartement restait néanmoins d'un bon standing. Personnellement, je le trouvai un peu triste, mais c'était le seul disponible.

Marlène déménagea sans vague à l'âme. Une de ses grandes forces était son détachement vis-à-vis des contraintes matérielles. De mon côté, je m'inquiétais un peu du bruit : en effet, la chambre de Marlène donnait sur l'hôtel Alma où stationnaient souvent des autocars. En fait, cela ne la dérangeait absolument pas. Au contraire, elle aimait cette activité incessante et rien ne lui était plus pénible que les dimanches, lorsque les rues étaient désertes. En revanche, elle avait horreur des pigeons qui venaient se poser sur son balcon et elle avait même acheté un pistolet d'alarme avec lequel elle les faisait fuir lorsque leurs roucoulements l'exaspéraient au petit matin, quitte à faire dix fois plus de vacarme que les volatiles et à réveiller tout le voisinage !

Quoi qu'il en soit, jamais elle n'exprima le moindre regret au sujet de ce déménagement. Les objets retrouvèrent leur place, les photos furent raccrochées au mur, et la vie continua.

***

Marlène avait lu dans la presse que Greta Garbo

possédait un appartement extraordinaire, où s'entassaient les objets d'art.

— Garbo avait de l'argent à ne plus savoir qu'en faire, me dit-elle, mais elle n'a jamais pensé qu'à elle. Moi, j'ai tellement donné, c'est pour ça que je n'ai plus rien aujourd'hui.

On a toujours opposé ces deux grandes stars mythiques, à la beauté quasi abstraite, dont la voix grave, l'accent nordique et le froid détachement se répondaient étrangement. Alimentée par la presse, cette rivalité était certainement voulue par les studios : la Metro Goldwyn Mayer avait la « Divine » dans son écurie, la Paramount décida de répliquer en créant sa vedette, la nouvelle Garbo, ou plutôt l'anti-Garbo. Ce fut *Mata Hari* contre *Agent X-27, l'Impératrice rouge* contre *la Reine Christine.*

En fait cet antagonisme ne touchait pas Marlène qui n'éprouvait pas de véritable curiosité à l'égard de sa prétendue rivale. Se sont-elles seulement rencontrées ? A Hollywood, toutes deux vivaient en marge du monde du cinéma, n'assistant aux réceptions que contraintes et forcées.

Dans ses Mémoires, le cinéaste Jean Negulesco affirmait avoir donné une soirée à laquelle assistaient Garbo et Dietrich. Pendant tout le repas, elles n'auraient parlé que de la mercuriale des Halles. J'ai demandé à Marlène ce qu'il en était :

— Jamais de la vie ! Je n'ai jamais mis les pieds chez cet homme.

En fait, Marlène parlait très rarement de Garbo. De temps à autre, elle lançait à son sujet une remarque caustique :

— Vous savez pourquoi Garbo aimait tant

tourner des films d'époque ? Afin de pouvoir porter des bottes, ce qui lui permettait de cacher ses grands pieds. Elle détestait les chaussures de femme, escarpins, richelieux ou autres. Lorsqu'elle a tourné *la Dame aux camélias*, elle portait de grosses charentaises sous sa crinoline.

Cette indifférence moqueuse pouvait tourner à la colère si on la poussait à bout :

— Mais enfin, Marlène, vous avez pourtant bien tourné avec Garbo en Allemagne, dans *la Rue sans joie*, le film de Pabst...

— Non, non et non !

Et on ne pouvait plus rien tirer d'elle. « Pas de commentaire ! » Lors d'un voyage en Italie, elle avait ainsi répondu à un journaliste du *Corriere della Serra* qui lui demandait ce qu'elle pensait de Garbo :

— Je ne la connais pas !

Ce qui signifiait bien sûr : « Je ne l'ai jamais connue intimement, je ne peux donc rien vous dire sur elle. » Le lendemain, elle poussa un cri de rage en découvrant dans le journal italien le titre suivant : « Marlène Dietrich : Garbo, connais pas ! »

Les deux stars avaient un point commun évident : un acharnement à défendre leur vie privée qui, dans un cas comme dans l'autre, mena à une forme de réclusion. Confrontées à la gloire, elles avaient dû apprendre à la gérer, tout en se protégeant de ses effets néfastes. Toutes deux avaient peut-être vu et médité le célèbre film de Billy Wilder, *Boulevard du crépuscule* (1950), dans lequel Gloria Swanson incarne Norma Desmond, une star vieillissante qui vit retirée dans sa superbe villa hollywoodienne, et se fait inlassablement projeter ses anciens succès en rêvant d'un retour aux studios...

Marlène connaissait un peu Gloria Swanson et savait en particulier qu'elle était brouillée avec sa fille à cause, je crois, d'un mariage qu'elle avait désapprouvé. Ayant mené une vie conjugale plutôt tapageuse, Gloria Swanson n'avait peut-être pas voix au chapitre, mais c'est ainsi. Apprenant que la mère et la fille étaient de passage à Paris en même temps, Marlène décida de les réconcilier.

— Il faut absolument les réunir, me dit-elle, je vais organiser un dîner.

Elle appela aussitôt son ami Jean-Pierre Aumont, qu'elle chargea des invitations. L'idée étant lancée, les autres pouvaient bien se charger de l'intendance.

Marlène prépara un dîner somptueux, comme elle savait le faire. Les retrouvailles se firent sans encombre, et tout se passa pour le mieux entre la mère et la fille. L'ennui, c'est que Gloria Swanson arriva avec un panier dont elle sortit tous les produits macrobiotiques qui constituaient l'intégralité de ses repas. Elle ne goûta pas une bouchée des plats qu'on lui présentait, sous le regard ulcéré de son hôtesse.

De sorte qu'à la mort de Gloria Swanson, l'oraison funèbre de Marlène fut vite trouvée, pleine de cet humour macabre qu'elle avait conservé de sa vie berlinoise :

— Elle n'a pas voulu manger ma cuisine, elle se gavait de machins macrobiotiques... Eh bien elle en est morte avant moi !

***

Pour nous changer du Petit Coq ou de Chez Benoît, où nous allions régulièrement, je décidai un soir d'emmener Marlène aux Mareyeurs, un restaurant dont on chantait les louanges. Pour ma tranquillité d'esprit, j'allai d'abord trouver le patron :

— Je vais venir avec Marlène Dietrich, mais pas de blague, elle ne veut surtout pas être dérangée.

Je reçus l'assurance que tout serait fait dans la plus grande discrétion et que Mme Dietrich serait accueillie « comme il convient ».

Le lendemain, je suggérai à Marlène d'essayer ce nouveau restaurant. Elle accepta avec plaisir. J'avais à peine poussé la porte que je restai pétrifié : tous les serveurs en grande pompe, plus le patron et la patronne formaient une haie d'honneur jusqu'à notre table, une rose rouge à la main ! Marlène me fusilla de son œil bleu.

— Trop chic pour moi ! dit-elle en exagérant son accent allemand.

Elle refusa les roses. Évidemment, le dîner fut un désastre. Marlène était soudain d'une humeur exécrable. Autour d'elle, la clientèle bourgeoise et mondaine lui déplaisait.

— Bruyant, cet endroit !

Elle mangea à peine deux huîtres, puis on nous apporta un superbe poisson en croûte.

— Oui, évidemment, je ne peux pas faire ça ! remarqua-t-elle, pincée.

A la fin du repas, le patron commit un nouvel impair, la goutte d'eau qui fit déborder le vase : grand sourire aux lèvres, en courbettes obséquieuses, il présenta à son hôte de marque le livre d'or de la maison. Marlène monta aussitôt sur ses grands chevaux.

— Mais qui suis-je, moi, pour signer ce livre d'or ?

Je réglai rapidement l'addition en me mordant les doigts de n'avoir pas tout simplement passé la soirée chez Marlène et nous nous dirigeâmes vers la sortie. Le retour avenue Montaigne s'annonçait orageux.

Sur le trottoir, un petit groupe s'était formé. Le bruit avait dû courir de la présence de la star dans ce restaurant. Je m'attendais à un nouvel esclandre de Marlène, d'autant que deux travestis plutôt pitoyables lui entravaient le chemin.

— Madame Dietrich, nous sommes tellement heureuses de vous voir, nous vous aimons tant...

A mon immense surprise, au lieu de les rabrouer vertement, Marlène les embrassa et leur dédicaça les photos qu'ils lui tendaient. Je la raccompagnai sans mot dire, renonçant à comprendre les mécanismes de son humeur changeante.

Marlène avait horreur de la familiarité déplacée, mais elle aimait la gouaille des chauffeurs de taxi parisiens. Nous empruntions parfois ce moyen de locomotion pour aller nous promener un moment sur les Champs-Élysées. Un jour, il nous arriva une chose étonnante qui me mit dans l'embarras mais qui prouva une nouvelle fois l'humour et le recul de Marlène.

Je venais de héler un taxi et nous n'étions pas

plus tôt installés sur la banquette arrière que le chauffeur s'exclama :

— Ah, ça me fait tout drôle de vous voir en chair et en os ! Vous savez, je vous aime beaucoup... Vous êtes bien Louis Bozon, n'est-ce pas ?

Un peu étonnée, Marlène regarda le chauffeur qui, dans son rétroviseur, n'avait d'yeux que pour moi. J'animais depuis quelques mois une émission de jeux à la télévision et mon visage commençait à être connu.

— Je vous regarde tous les jours, continua-t-il. Vous voulez bien me signer un autographe ?

Assis à côté d'une star de la taille de Marlène Dietrich, je me sentais évidemment gêné par ces compliments. Pour y couper court, je dis au chauffeur :

— Vous savez, je suis avec quelqu'un de beaucoup plus célèbre que moi !

Mais il ne voulait rien entendre, persuadé que je jouais les modestes. Marlène sourit et me donna un léger coup de coude :

— J'espère que vous allez lui donner un gros pourboire ! me souffla-t-elle en anglais.

Visiblement, cette scène l'enchantait, elle n'en prenait aucun ombrage. Peut-être se réjouissait-elle aussi d'être en compagnie de quelqu'un qu'on reconnaissait. Quoi qu'il en soit, l'espace de quelques minutes, je fus plus célèbre que Marlène Dietrich. Lorsque le chauffeur de taxi nous déposa enfin sur les Champs-Élysées, il me tendit une feuille de papier.

— Tenez, monsieur Bozon, ça me fait tellement plaisir d'avoir votre autographe. Et vous, la petite dame, vous m'avez l'air bien sympathique, signez donc là aussi...

***

Marlène n'était pas fervente des commémorations. Les dates n'avaient aucune importance pour elle, les anniversaires l'ennuyaient. C'était d'ailleurs un point sur lequel nous nous entendions à merveille.

Un jour pourtant, Bernard Hall, son chorégraphe et secrétaire, vint me trouver pour me dire que Marlène tenait absolument à m'offrir quelque chose pour mon anniversaire. A moins que ce ne soit pour Noël. Je répondis que j'étais touché par cette attention, mais que c'était parfaitement inutile. Toutefois, si elle insistait, il y avait bien ce seau à champagne que j'avais vu dans telle boutique...

Lorsque je me rendis chez Marlène un ou deux jours plus tard, elle vint m'accueillir dans l'entrée.

— Tenez, Louis, c'est pour vous...

Et elle me montra du doigt une boîte en Plexiglas posée sur la tablette du radiateur. De toute évidence, ce n'était pas un seau à champagne. Je pris l'objet dans mes mains. C'était un savon au lierre dans une sorte de gros gant de crin pour maigrir.

— Je ne savais que vous offrir, me dit-elle. Alors, j'ai pensé... Vous qui dites toujours que vous devriez surveiller votre ligne...

Je restai sans voix. Sur la boîte en plastique, il y avait encore l'étiquette du prix : trente-deux francs cinquante.

Perfidie ? Punition ? C'était un peu comme si elle me disait : « Qu'avez-vous besoin d'un seau à champagne ? Votre champagne, vous le buvez chez moi ! »

***

Marlène et les hommes... On l'a vue avec Gary Cooper, James Stewart, John Wayne... Tous des hommes beaux auxquels elle reprochait pourtant leur manque de culture et leur conversation monosyllabique. Il y eut également Yul Brynner, qu'elle n'évoquait jamais devant moi, ou seulement en termes très virulents. Lorsqu'on annonça sa mort, je me souviens de la réaction de Marlène :

— Je suis sûre qu'il est mort du sida.

Ce qui pour elle figurait une sorte de justice immanente qui l'avait condamné à mourir comme il avait vécu.

Joseph Kennedy, le père du futur président, était aussi tombé sous le charme de Marlène qui, de son côté, n'a jamais vu en lui qu'un ami. Elle avait fait la connaissance de la famille Kennedy à Antibes, à l'hôtel du Cap, dans les années trente. Le fils de Joseph, John, n'était alors qu'un adolescent mais elle l'avait revu par la suite, après son accession à la présidence des États-Unis. On sait qu'il était fier de ses prouesses sexuelles, et qu'il éprouvait une véritable fascination pour les vedettes de l'écran. Une ou deux fois, Marlène évoqua devant moi une étreinte furtive, dans un ascenseur, comme une gaminerie dont elle ne tirait aucune fierté. Elle avait quand même à l'époque près de soixante ans !

A-t-elle connu beaucoup d'aventures sans lendemain ? Sans doute. Elle aimait être entourée de gens brillants et célèbres, et les beaux gigolos n'avaient aucun intérêt à ses yeux. Mais elle a eu quelques coups de cœur, comme ce journaliste australien mort dans des circonstances terribles. Alors qu'il était en reportage sur une plate-forme pétrolière, un hélicoptère a basculé et le reporter a eu la tête tranchée par les pales du rotor.

Raf Vallone, pour sa part, se montra d'une infinie prévenance avec elle, promenant sa cavalière dans tout Rome, l'introduisant bras dessus bras dessous dans les coulisses des théâtres et sur les plateaux de cinéma, la présentant même à sa mère, sans jamais pour autant franchir le seuil de sa chambre. Marlène dut trouver cette réserve surprenante de la part d'un *latin lover.* Elle en vint même à se demander si son Don Juan ne l'utilisait pas pour sa propre publicité, ou s'il n'était pas, simplement, moins donjuanesque qu'on ne le prétendait... Quoi qu'il en soit, Raf Vallone n'oublia pas Marlène. Bien des années plus tard, quelques jours avant la mort de celle-ci, il lui envoyait une carte postale, lui donnant son adresse et l'enjoignant de l'appeler...

Un jour, en arrivant avenue Montaigne, j'ai trouvé Marlène plongée dans une sombre mélancolie. La veille, elle avait reçu un énorme bouquet de roses, elle semblait heureuse. Un homme lui avait apparemment fait des avances, sans doute grisé par l'idée de courtiser une légende du cinéma. Mais il a dû réaliser un peu tard que Marlène n'était plus la femme qu'il avait admirée sur l'écran et il a déclaré forfait, prenant la fuite de la manière la plus grossière et la plus lâche qui soit. Marlène s'est sentie humiliée. Un moment, elle avait succombé à l'illusion, elle

12, Avenue Montaig
Merci !
Merci !
Marlène

Avec son père et
sa mère en 1906.
Marlène pleurait
sur cette photo...

Page de gauche entrant,
1930 Année de *l'Ange bleu.*

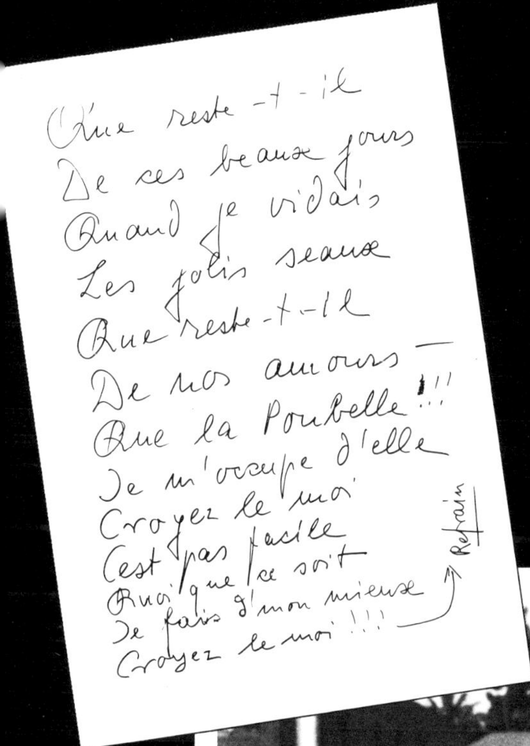
Que reste-t-il
De ces beaux jours
Quand je vidais
Les jolis seaux
Que reste-t-il
De nos amours —
Que la Poubelle!!!
Je m'occupe d'elle
Croyez le moi
Cest pas facile
Quoi que ce soit
Je fais d'mon mieux
Croyez le moi!!!!
Refrain

Elle ne fut jamais
"voyageur sans bagages"!

Tristesse,
nostalgie,
ou l'art de mettre
en valeur un bijou ?

Les chapeaux
l'ont toujours mise
de bonne humeur.

Gloire DOUBLE TRANCHANT
C'est un TWOSIDED SWORD
La gloire est quelque chose ~~qu'~~ dont on ~~sait~~ se rends compte beaucoup ~~plus~~ longtemps après les autres en parlent.
Cela ne vous donne ni de bonheur, ni de confort, ni de la chaleur, ni le nirvana que les gens imaginent.

Glamour ? Sexy ?
En tout cas "hollywoodienne" !

Où sont les jambes

1942... 1992
La mode "Marlène"
ne se démode pas.

Une de ses tenues
favorites.

1935 - *La Femme et le pantin*
Le dernier film avec Joseph "von" Sternberg. Le film préféré de Marlène.
Quelques accessoires, l'art de la lumière, des fleurs de papier...
Le génie de Sternberg.

s'était souvenue qu'elle avait plu. Et puis le fiasco... Ce jour-là, j'ai perçu en elle un certain désarroi, vite dissimulé.

Eut-elle le regret furtif de ses anciennes amours ? Marlène a toujours recherché l'homme qui saurait la protéger, nous l'avons vu. Mais lorsqu'il est passé à portée de son cœur, comme Gabin, elle l'a laissé partir. Au fond, ce désir de protection était peut-être contraire à son vrai tempérament, à moins que la vie à deux n'ait été simplement incompatible avec son métier d'actrice et son statut de star. Car Marlène a malgré tout mené une vie d'homme, prenant toujours seule ses décisions, même si celles-ci étaient dictées par les exigences d'une carrière que désormais elle ne maîtrisait plus.

Les métiers du spectacle sont souvent des métiers de solitude, c'est devenu un cliché : entourés de milliers de personnes, adulés pendant le spectacle, les artistes se retrouvent seuls dès que les projecteurs s'éteignent. Marlène a certainement connu ce sentiment, elle a peut-être cherché à meubler ce vide avec des gens de passage, heureux simplement d'approcher la star mythique. Mais peu à peu, l'idée d'une solitude choisie, en dépit de ce qu'elle comporte de douleurs, s'est imposée à elle, parce que tout ce qu'on lui proposait en échange ne pouvait parvenir à la combler.

***

On a souvent insinué que Marlène était lesbienne. Ses biographes reviennent avec insistance sur le sujet, avancent même quelques noms, comme celui de Mercedes d'Acosta, qui fut aussi l'intime de Garbo ! Pour ma part, je me souviens seulement que Marlène n'était pas particulièrement tendre avec ses congénères :

— Je n'ai jamais tellement aimé les femmes, me disait-elle souvent. Tout est toujours trop compliqué avec elles. Les hommes peuvent être jaloux, mais les femmes sont envieuses, ce qui est bien pire. J'en ai toujours été victime... Heureusement, je n'ai pas ce défaut.

Si une femme venait à trouver grâce à ses yeux, c'est parce qu'elle affichait des qualités... viriles. Marlène aurait fait hurler les féministes. Quand je devais appeler un médecin chez elle, il fallait faire en sorte que ce soit toujours un homme.

La réputation de lesbianisme collait à la peau de Marlène depuis ses débuts. A Berlin, il est vrai, l'époque était à l'ambivalence affichée, l'hétérosexualité pure et dure passant pour de la pruderie ou du provincialisme. Marlène avait toujours adoré s'habiller en homme : elle avait même lancé la mode du monocle, devenu une sorte de signe de reconnaissance pour les lesbiennes berlinoises, qui avaient fait de l'actrice une de leurs idoles. On voyait d'ailleurs celle-ci fréquenter ouvertement les boîtes d'homosexuelles ou de travestis.

En fait, Marlène avait toujours joué sur cette ambivalence. A Hollywood, elle avait effrayé les dirigeants de la Paramount en insistant pour porter le pantalon et le blazer. Mais cette tenue avait eu un tel retentissement que les studios s'étaient à leur tour engouffrés dans cette voie en vantant ainsi leur vedette : « La femme que même les autres femmes adorent ! » Sternberg, lui, y avait ajouté un peu de ses fantasmes, notamment dans quelques scènes de *Morocco* ou de *Blonde Venus*, où on la voit carresser un sein ou embrasser une femme sur la bouche...

Que dire de plus, sinon que les femmes trop et mal courtisées par des nuées d'hommes qui ne pensent qu'à les mettre dans leur lit peuvent éprouver le désir d'aller vers leur propre sexe pour découvrir des gestes nouveaux, une sensibilité autre ? Fut-ce le cas de Marlène ? Je n'en sais rien. Et au fond, quelle importance ?

Ce qui est sûr, c'est que toute insinuation sur les amours saphiques de Marlène se voyait immédiatement sanctionnée par une plainte en justice déposée par l'intéressée. Dès qu'un livre ou un article abordant ce sujet paraissait, Marlène demandait à son avocat et ami dévoué maître Jacques Kam d'attaquer en diffamation le journal ou l'éditeur. Très souvent, elle gagnait ses procès.

C'était du reste une des raisons pour lesquelles elle appréciait la France : elle trouvait que la vie privée y était mieux protégée que nulle part ailleurs. Qu'un journal, une radio ou une télévision se permette une réflexion insidieuse, et Marlène savait que la justice française y verrait une atteinte à la personne humaine et lui donnerait gain de cause. Ainsi que des dédommagements... Car le procès était aussi une occasion de gagner de l'argent. Le calomniateur avait sali sa réputation, il devait réparation. C'était une façon comme une autre de se servir d'une notoriété qui ne rapportait pas autant d'argent qu'on l'imaginait. Marlène ne touchait pas un centime sur la diffusion de ses photos ou de ses films, dont elle n'avait pas les droits. Les livres publiés sur elle l'étaient le plus souvent sans son autorisation. Il est vrai qu'elle ne l'aurait pas donnée... Quand je l'ai connue, Marlène ne vivait en somme que de son personnage, de sa silhouette et de sa voix. Tout ce qu'elle avait pu faire avant ne lui rapportait rien, sinon des ennuis.

Marlène était-elle procédurière ? Sans doute. Elle avait longtemps vécu aux États-Unis, où les procès sont monnaie courante : elle en avait elle-même fait les frais. Peu après son arrivée à Hollywood, par exemple, la femme de Joseph Sternberg l'avait accusée de « détournement d'affection ». Et en 1977, elle se débattait encore contre un producteur de télévision américain qui lui réclamait des dommages et intérêts parce qu'elle avait mis en doute ses compétences professionnelles. Aussi, lorsqu'on s'attaquait à elle, avait-elle pris les mêmes habitudes.

Avec le temps, toutefois, la combativité de Marlène s'amoindrit. Tous les efforts déployés pour endiguer le flot de ragots régulièrement publiés dans la presse lui apparurent vains. Elle se sentait impuissante, comme atteinte dans sa chair par ces articles malveillants. C'était moins sa légende qu'il s'agissait de protéger que sa vie privée. Marlène considérait que les actions commises dans le passé n'avaient plus lieu d'être évoquées et que les secrets d'alcôve ne devaient pas être étalés en public.

***

Que reste-t-il de nos amours ?... Marlène avait toujours adoré cette chanson de Charles Trenet. Dans ses récitals, elle en interprétait parfois une version anglaise : *I wish you love.* Lors de son passage à l'Espace Cardin, elle avait souhaité la chanter en français mais elle voulait que Trenet réécrive les paroles :

— Vous comprenez, à mon âge, les billets doux, c'est ridicule...

Cela ne s'est pas fait en définitive parce que Trenet avait demandé à venir travailler directement chez elle. Et en dépit de son admiration pour cet homme qu'elle considérait comme un grand artiste, Marlène a refusé de l'accueillir dans son appartement.

Un jour, elle avait griffonné sur une lettre qu'elle m'adressait une adaptation très libre de cette chanson :

Que reste-t-il
De ces beaux jours
Quand je vidais
Les jolis seaux
Que reste-t-il
De nos amours
Que la poubelle !!!
Je m'occupe d'elle
Croyez-le bien
C'est pas facile
Quoi qu'il en soit

Je fais d'mon mieux
Croyez-le moi !!!

***

Au début des années soixante-dix, Marlène s'était mis en tête de trouver le cimetière dans lequel elle serait enterrée. Le dimanche, elle partait donc en vadrouille avec son avocat maître Jacques Kam et ils sillonnaient la campagne française à la recherche de l'emplacement idéal. Marlène était tombée amoureuse de Saint-Lambert-des-Bois, dans la vallée de Chevreuse, où elle avait vu un ravissant cimetière avec une chapelle entourée de pins. Elle était allée frapper à la porte du maire pour lui dire :

— Je veux être enterrée chez vous.

— Mais, madame, ce n'est pas possible, il faut que vous achetiez un terrain dans la commune.

Les tractations s'avérèrent si compliquées que Marlène abandonna cette idée. Je participai à mon tour aux recherches. Je prenais des photos pour situer le cimetière, je me renseignais sur ses hôtes illustres. Je fis, entre autres, quelques démarches à Saint-Geneviève-des-Bois, où Marlène avait vu un très beau cimetière orthodoxe. Malheureusement, il affichait complet.

Cette course à la dernière demeure tournait à la plaisanterie absurde. Marlène voulait un endroit à proximité d'une autoroute et d'un restaurant gastronomique. Ainsi, les gens qui voudraient se recueillir sur sa tombe pourraient s'y rendre rapidement et en profiter pour faire un bon repas.

Elle avait même écrit à de Gaulle pour lui faire

part de son désir d'être inhumée en France. Le général, qui n'oubliait pas l'engagement de Marlène durant la guerre, lui avait fait répondre : « Madame, tout en souhaitant l'échéance la plus lointaine possible, nous voudrions savoir où. » Il craignait peut-être qu'elle n'envisage l'Arc de triomphe...

— Le général de Gaulle n'a pas l'air de s'intéresser beaucoup à ma requête, me dit Marlène avec une sorte de pudeur. Laissons tomber.

Le temps passa. Le choix de sa sépulture ne la préoccupait plus.

— Louis, quand je mourrai, mettez-moi dans un sac poubelle et jetez-moi dans le coffre de votre voiture jusqu'à l'arrivée de ma fille !

***

Pendant ce temps, l'auteur de *Que reste-t-il de nos amours ?* ne se départait pas de son esprit d'à-propos. A la mort de Greta Garbo, Marlène reçut de Charles Trenet un télégramme très bref dont l'humour noir dut lui plaire : « Garbo est morte. Toutes mes félicitations ! »

CHAPITRE 5

JUST A GIGOLO

De temps à autre, Marlène et moi allions au cinéma sur les Champs-Élysées. Comme les taxis n'acceptaient pas toujours de nous prendre avenue Montaigne pour une distance aussi courte, Marlène s'appuyait sur mon bras et nous marchions sur cette contre-allée qu'elle arpentait autrefois avec Gabin, en pantalon et casquette.

Ces sorties cinéma s'avéraient parfois pénibles pour elle à cause des longues files d'attente qui fatiguaient ses jambes. Pour lui épargner cette épreuve, je la laissais un moment dans la queue et je me frayais un chemin jusqu'à la caisse pour négocier avec le préposé en uniforme rouge. Je lui expliquais que Mme Marlène Dietrich attendait dehors et je le priais de nous laisser entrer en priorité. Celui-ci me demandait parfois, goguenard, si par hasard je n'étais pas John Wayne ou Gary Cooper, mais en général tout finissait par s'arranger. C'était la meilleure façon de procéder car en téléphonant au cinéma avant notre venue, nous étions à peu près certains de devoir affronter une horde de photographes prêts à la curée devant la salle.

Lors d'une de ces promenades, Marlène me raconta qu'elle avait autrefois croisé sur les Champs-Élysées le grand acteur Raimu, qu'elle classait parmi ses idoles depuis qu'elle l'avait vu dans *la Femme du boulanger*. Elle n'avait pu résister à l'envie de l'aborder.

— Bonjour, monsieur Raimu...

L'interpellé stoppa net en se trouvant nez à nez avec Marlène Dietrich.

— Elle m'a reconnu ! s'exclama-t-il avec une joie puérile. Elle m'a reconnu !

Un jour que nous remontions l'avenue, Marlène vit un homme qui traînait par la main un enfant au visage rouge et inondé de larmes, et poussant des cris aigus.

— Louis, regardez, là... Cet enfant... Je suis sûr qu'il est enlevé, il faut appeler la police !

J'essayais de la rassurer :

— Marlène, il y a beaucoup d'enfants qui font des caprices parce qu'ils n'ont pas eu la glace ou le jouet qu'ils demandaient à leur père... Appelons la police si vous voulez, mais vous allez encore vous faire remarquer.

Cette idée suffit à la calmer. Je savais que si Marlène était particulièrement sensible sur ce sujet, c'est qu'elle avait elle-même reçu des menaces d'enlèvement de sa fille Maria lorsqu'elle était à Hollywood. Avec le soutien de Sternberg, elle avait pris des mesures de sécurité draconiennes et loué les services de gardes du corps. La pauvre Maria dut passer de longs mois pratiquement enfermée à la maison, constamment surveillée, privée de la compagnie des enfants de son âge. Pour Marlène, cette période difficile lui ouvrit les yeux sur l'inévitable revers de la gloire : elle se rendit compte que sa notoriété l'exposait aux exactions déraisonnées de ses « admirateurs ». La maison de Beverly Hills passa de l'insouciance à une certaine inquiétude, signalée par ces barreaux qui séparaient désormais ses occupants du monde extérieur.

Marlène adorait sa fille. L'une habitait Paris, l'autre New York, mais elles se téléphonaient et s'écrivaient pratiquement tous les jours. Lorsque Marlène préparait des *Wienerschnitzel*, une autre de ses spécialités, elle en emballait toujours quelques-unes qu'elle envoyait à sa fille par colis exprès. Je ne sais pas dans quel état arrivaient ces escalopes, ni ce qu'en faisait Maria, mais c'est le geste qui compte.

Dès que Marlène avait la moindre allergie ou le moindre pépin de santé, elle consultait en premier lieu sa fille. Celle-ci, qui semblait avoir eu une connaissance assez étendue dans le domaine médical, lui donnait sans hésiter le nom du médicament à prendre. En général, c'est moi qui étais chargé de dénicher l'équivalent français.

— Tâchez au moins de me fournir la posologie et surtout le nom de la molécule, disais-je à Marlène.

Muni de ces informations, je partais en chasse,

consultant tous les pharmaciens du quartier. La plupart du temps, je mettais la main sur l'élixir, à moins qu'il ne fût pas encore sorti en France. Marlène faisait preuve d'une insatiable curiosité pour tout ce qui était médicaments et elle avait fini par devenir un véritable puits de science. Il suffisait de lui parler de ses maux de tête ou de son estomac fragile pour qu'elle prescrive immédiatement le remède miracle.

Sollicité par Marlène, je l'étais également, et de plus en plus, par « l'extérieur ». Car aux yeux du monde dans lequel j'évoluais, celui du journalisme et de la radio, je faisais figure d'anormal ou de demeuré. Comment ? Bozon a ses entrées chez Marlène Dietrich et il n'a pas encore réussi à l'amener devant un micro ? J'avais ainsi reçu un appel de Jacques Chancel :

— Je veux Marlène sur le plateau du *Grand Échiquier*. Et tu viendras aussi.

— Ce n'est même pas la peine d'y penser, elle ne voudra jamais.

— Mais enfin, tu es son ami, tu dois pouvoir la convaincre. Elle ne t'a jamais donné d'interview ?

— Non... me contentai-je de répondre.

Pourquoi en effet n'avais-je pas songé à exploiter — l'affreux mot ! — ma relation avec Marlène ? Le respect sincère de notre amitié m'empêchait tout d'abord de lui infliger une épreuve détestée. Mais il y avait aussi le fait que Marlène était une femme de caractère, et qu'on ne la manipulait pas aisément. Je n'avais aucune chance de la persuader d'accepter une interview. Une ou deux fois, pressé par un magazine, j'avais abordé le sujet :

— Marlène, il semblerait que... On me demande si...

— Eh bien vous dites non, Louis ! C'est aussi simple que cela.

A vrai dire, j'eus maintes fois l'occasion de me rendre compte qu'en dépit de sa confiance à mon égard, je n'avais pratiquement aucune prise sur Marlène quand elle s'était mis une idée en tête. C'était particulièrement flagrant dans le cas des personnes avec lesquelles elle s'était brouillée et que je m'efforçais de disculper à ses yeux. Autant prêcher dans le désert.

— Oublions ça, mon ange, me répondait-elle lorsque j'avais terminé ma démonstration.

Une des rares fois où je réussis à la faire changer d'avis, ce fut en faveur de Sacha Briquet, que pour une raison quelconque elle ne voulait plus recevoir.

— Marlène, c'est tout de même grâce à lui que nous nous sommes connus...

J'avais prononcé ces mots en essayant de lui faire sentir que ce n'était pas rien. Fut-ce en souvenir de cette rencontre, ou parce qu'elle eut soudain des réminiscences de bonheur ? Marlène accepta finalement de revoir Briquet. Elle l'appela pour lui demander d'apporter un pâté aux champignons et un pain de campagne dont elle raffolait. Il est arrivé chez elle les bras chargés, mais Marlène s'est montrée si odieuse envers lui qu'il a lui-même définitivement pris congé...

Marlène avait ses toquades, avec les gens comme avec la nourriture. Je lui ai connu des périodes langoustes, ou des périodes salades de pommes de terre... A une certaine époque, ce fut le foie gras. Je devais aller faire ses emplettes à la Maison de la Truffe car elle ne voulait connaître que cette adresse. Même si elle n'était pas toujours satisfaite par la terrine que je lui apportais :

— Trop riche ! disait-elle alors en la repoussant.

Et le foie gras disparaissait. Qui l'emportait ? Je n'en sais rien. Mais si on me l'avait proposé, je n'aurais pas fait la fine bouche...

Privilège de grande dame, Marlène pouvait renoncer à ses toquades du jour au lendemain, sans prévenir. Parvenue à satiété, elle ne voulait plus entendre parler du plat qui hier encore faisait ses délices. La règle était de ne jamais lui en faire la remarque.

— Marlène, je ne comprends pas, vous avez bien aimé le foie gras à une époque !

Elle vous jetait alors un regard qui semblait dire : « Oui, j'ai aimé et je n'aime plus. Et alors ? Ça ne mérite pas une thèse en Sorbonne. »

Il y eut aussi l'interminable cycle des artichauts. Quand j'allais dîner chez Marlène, j'étais presque sûr d'avoir droit à deux artichauts de Bretagne en entrée. Comme à son habitude, la maîtresse de maison se tenait debout devant moi et me regardait sucer feuille après feuille. J'avais adopté la technique de les arracher par paquet dès qu'elle avait le dos tourné, pour n'avoir que le cœur à manger, mais elle s'en apercevait et me disait :

— Comment ? Vous ne mangez pas...

— Non, je suis un peu nerveux aujourd'hui.

— Vous êtes toujours en hâte, disait-elle en traduisant littéralement l'anglais « in a hurry ».

J'avais un ami qui se joignait régulièrement à nous pour dîner. Il finit par faire de l'allergie aux artichauts. Il devenait violet dès qu'on en posait un dans son assiette !

— Comment, votre ami ne mange plus ?

Je pris mon courage à deux mains.

— Marlène, de grâce, arrêtons les artichauts !

Ce n'était pas chose facile à lui dire. Comment osais-je contester un menu préparé à notre intention ?

— C'est comme l'aspic de poisson, continuai-je dans mon élan. C'est très bon, je vous l'accorde, mais au bout d'un moment, j'aimerais quand même manger autre chose que de l'aspic de poisson !

— Rien ne m'obligeait à en faire pour vous, répliqua-t-elle, froissée.

Comme toutes les grandes cuisinières, elle était terriblement susceptible. Sa cuisine se voulait au-dessus de tout soupçon. Marlène apportait ainsi le plus grand soin à la qualité et à la fraîcheur des produits qu'elle utilisait. Même après cuisson, ses légumes restaient d'un vert extraordinaire, presque surréaliste, et toujours parfaitement *al dente*.

Pourtant, cet ami et moi en vînmes à suspecter quelque chose de louche. D'abord incrédules, nous avions pu en effet établir une règle de cause à effet entre les repas chez Marlène et une soudaine envie, quelques heures plus tard, de nous précipiter vers les toilettes... Je me décidai finalement à approcher la cuisinière avec la plus grande diplomatie.

— Marlène, comment diable faites-vous pour avoir toujours des légumes aussi verts ? demandai-je avec l'air de quémander un secret de cuisine.

— Ah, c'est que je mets du bicarbonate.

— Du bicarbonate ? Ah vraiment ? Comme c'est ingénieux ! Mais pas trop, j'espère...

Elle me regarda comme un pêcheur à la ligne regarde le badaud qui vient de contester l'efficacité de ses appâts.

— Non, bien sûr ! Une pointe de couteau !

— Ah, bon, parce qu'il faut faire attention à ne pas dépasser la dose...

Elle enregistra certainement le message puisque nous avons recommencé à nous régaler à sa table — sans effet indésirable.

***

Je continuais d'animer une émission de jeux à la télévision, aux alentours de midi. Marlène m'y avait vu et son œil professionnel n'avait pas manqué de relever un certain nombre de défauts.

— Pour commencer, vous bougez trop ! Beaucoup trop de gestes !

Elle avait sans doute raison.

— Mais Marlène, je n'y peux rien, je suis latin, c'est dans ma nature !

Elle me reprochait aussi d'être trop habillé pour une émission diffusée à l'heure du déjeuner. A son avis, je devais me contenter d'un blazer, d'une chemise bleue et d'une cravate. Elle m'envoyait des photographies de blazers qu'elle découpait dans les magazines avec cette note : « Voilà ce qu'il vous faut ! »

— Vous devriez porter des pattes de col plus basses, continuait-elle. Vous n'avez pas un cou très haut, cela l'allongera.

Elle insistait également sur les manches mousquetaire et les cols sans boutons.

— Surtout pas de col américain, quelle horreur !

En fin de compte, elle me fit parvenir douze chemises de chez Dior, très belles ! Toutes ces critiques étaient formulées sans méchanceté, avec ce regard technique qu'elle posait toujours sur la télévision. Son maître Sternberg lui avait enseigné l'importance des éclairages, du cadrage et du maquillage. Elle avait retenu ses leçons et je dois reconnaître que, très souvent, elle voyait juste. Elle se montrait particulièrement impitoyable avec les émissions de variétés :

— Mauvais éclairage ! Qui a eu l'idée saugrenue d'éclairer par le sol ? Et pourquoi jucher Charles Aznavour sur un tabouret de bar ? Lui qui n'est déjà pas grand, ça lui fait des jambes minuscules...

Ou au contraire les sièges étaient trop mous et trop bas, si bien que les gens s'enfonçaient, on ne voyait plus que les genoux des femmes, la partie du corps que Marlène trouvait la plus laide. Elle affirmait, avec raison me semble-t-il, qu'il ne faut pas utiliser de canapés moelleux sur les plateaux de télévision, mais des fauteuils inconfortables qui obligent les invités à se tenir droit.

Les présentateurs s'exprimaient mal ou trop vite à son goût, les femmes étaient habillées en dépit du bon sens, elles suivaient benoîtement la mode, ou bien elles avaient toujours une mèche qui leur tombait sur l'œil...

Marlène jugeait de la même façon la performance des hommes politiques :

— Ce n'est pas possible, disait-elle à propos de Mitterrand. Comment peut-il convaincre les spectateurs ? Il bat des cils, il n'arrête pas de battre des cils !

En 1981, elle avait été horrifiée en voyant le président nouvellement élu déambuler dans les couloirs du Panthéon.

— Mais c'est effrayant ! Ses pantalons sont trop courts, on voit ses chevilles. Louis, trouvez-moi tout de suite le nom de son tailleur !

C'est en regardant la télévision que Marlène avait découvert Dalida. L'intérêt qu'elle porta dès lors à la chanteuse avait de quoi me surprendre car bien peu d'interprètes français trouvaient grâce à ses yeux. Je me souviens que lorsqu'elle voyait Sylvie Vartan, elle disait avec une moue condescendante :

— Une chanteuse, ça ? De l'air chaud mais aucune voix...

Le plus étonnant, c'est que Dalida figurait à mes yeux une sorte de double caricatural de Marlène Dietrich. Les cils démesurés, les pommettes marquées, la voix aux intonations graves, et surtout ces longues robes moulantes à paillettes qui l'obligeaient à des jeux de scène limités, comme ces inclinations de buste devant le micro que Marlène maîtrisait si bien. J'avais beaucoup d'estime pour Dalida, mais je ne pouvais m'empêcher de voir en elle une réplique un peu « kitch » de Marlène.

Celle-ci se montra néanmoins très émue par la première tentative de suicide ratée de la chanteuse de variétés.

— C'est terrible, cette femme avait organisé sa mort, elle a prétendu qu'elle partait pour l'aéroport, elle a loué une chambre d'hôtel et on la retrouve le lendemain agonisante, mais encore en vie...

Marlène parlait d'elle avec une sympathie mêlée de compassion, exprimant à l'occasion le désir de la rencontrer. Or il se trouva qu'elles avaient le même avocat, en la personne de maître Jacques Kam. Celui-ci les a réunies un soir autour d'une table de restaurant. Ce fut une rencontre véritablement heureuse. Les deux chanteuses se sont senti des affinités, elles partageaient la même conception perfectionniste de leur métier.

— Je pensais souvent à vous lorsque j'étais à l'Olympia, confia Dalida à Marlène. Les techniciens et les maquilleuses me disaient toujours : « Plus emmerdeuse que vous, ça n'existe pas, à part Marlène Dietrich. »

— C'est que nous sommes de vraies professionnelles, nous exigeons ce que les autres ne demandent jamais.

Certaines personnes avaient le don d'éveiller en Marlène un instinct de fée protectrice. Ce fut le cas de Romy Schneider. D'origine allemande, Marlène se sentait naturellement proche de cette jeune Autrichienne venue faire carrière en France. De son côté, celle-ci, mise en confiance, fit de Marlène sa confidente.

Romy Schneider n'a jamais été une femme heureuse, et l'on connaissait ou devinait ses déconvenues amoureuses. Témoin des souffrances de la jeune actrice, Marlène en a toujours gardé un certain ressentiment à l'égard d'Alain Delon, qu'elle jugeait en partie responsable.

Romy s'était mise à consommer des amphétamines et des tranquillisants de toutes sortes. Je me souviens de lui avoir porté deux ou trois fois des livres que lui envoyait Marlène. Chaque fois j'étais surpris de voir Romy m'ouvrir elle-même la porte. Plus tard, j'ai compris qu'il y avait des pilules cachées à l'intérieur des livres et que j'étais le complice involontaire de ce trafic. Si Romy venait m'ouvrir, c'est qu'elle craignait que les gens de son entourage, tout dévoués à sa protection, n'interceptent le colis. Marlène agissait ainsi par tendresse pour elle.

— Une femme si belle, disait-elle. Et une vie gâchée. Quelle tristesse... Qui disait cela, Louis ?

— Cybulski...

Bien des années auparavant, Marlène s'était montrée beaucoup moins compréhensive à l'égard d'Édith Piaf. Elle avait pourtant commencé par aider la chanteuse lors de son passage à New York, comme autrefois elle avait recueilli les Français d'Hollywood. Elle était fascinée par ce mélange de fragilité et de force, par cette aptitude à la passion, par cette façon de boire la vie à plein goulot. Il y avait chez la chanteuse de *l'Hymne à l'amour* une forme d'irrationalité qui fascinait la logique allemande de Marlène.

Elle était présente lorsqu'il fallut annoncer à Édith la terrible nouvelle de la mort de Marcel Cerdan. Quelques années plus tard, elle fut le témoin de son mariage avec Jacques Pills, qui eut lieu dans une petite église de New York. Mais elle coupa les ponts lorsque Piaf commença à se droguer, considérant qu'elle ne pouvait plus rien pour la sauver. La discipline et la maîtrise de soi étaient pour Marlène deux mots d'ordre impératifs ; les tranquillisants à la rigueur, mais la drogue...

En 1963, Marlène assista aux funérailles de Piaf qui se déroulèrent dans des conditions affreuses. Il n'y avait pratiquement aucun service d'ordre, les gens piétinaient les tombes, harcelaient les célébrités présentes pour leur arracher un autographe... De ce jour, Marlène jura de ne plus jamais assister à aucun enterrement.

***

Louis Bozon : *Parmi vos qualités, Marlène, je sais que la logique est en très bonne place.*

Marlène Dietrich : *La logique n'est pas un trait féminin. Grâce au ciel, j'ai été éduquée avec la thèse d'Emmanuel Kant et exercée durant toute ma jeunesse à penser comme un homme et non comme une femme. Cette éducation m'a aidée au cours de ma bien souvent houleuse existence et me sert encore aujourd'hui comme jadis. Dans la profession parti-*

culière que j'ai exercée, ce fut un grand capital, mais ce le fut aussi dans ma vie privée. D'importantes décisions ont été guidées par ma capacité à être logique. Comme ma jeunesse s'est passée sans la présence de cerveaux mâles susceptibles de m'inculquer des connaissances, c'est sur le compte de Kant qu'il faut mettre cette tendance. La logique conduit partout à la santé mentale.

L.B. : *Logique mais aussi discipline.*

M.D. : *J'ai été élevée avec elle. Je n'ai rien connu d'autre toute ma vie. Cela peut sembler étrange à ceux qui lisent des textes sur les célébrités du show-business et c'est pourquoi j'aimerais expliquer cette doctrine. Quand je suis arrivée dans ce qu'on appelle Hollywood, j'étais une enfant gâtée (si l'on peut dire) pour ce qui est de mon mode de vie. La seule personne que j'autorisais à me dominer, à m'instruire et à me contrôler était von Sternberg. En dehors de lui, je restais moi-même, vraie et indépendante. Ce qui fascinait Sternberg en moi, ce n'était pas la beauté : c'était l'étrange qualité qui faisait défaut à toutes les actrices connues de lui jusqu'alors : la qualité de discipline. C'est ce qui me lia à lui.*

L.B. : *Croyez-vous à l'astrologie ?*

M.D. : *On nous a appris à l'école que la lune engendre le flux et le reflux. On nous a aussi appris à reconnaître les influences de la lune sur les êtres humains. Ces connaissances* *ancestrales se sont amplifiées ces dernières années avec la recherche astrologique qui a mis à jour de plus en plus de données sur la force gigantesque des astres (...). L'astrologie nous aide dans notre travail et dans nos rapports aux autres. Elle vous épargnera de l'énergie quand vous serez confronté à un Lion (ce n'est pas la peine d'argumenter), vous évitera de vous battre avec le Taureau dominant mais estimez-vous heureux d'avoir un Verseau comme ami ou patron, ceci pour vous donner quelques-unes de mes opinions sur le sujet (...). Peut-être un jour la race humaine saura-t-elle tout sur l'influence des astres. Pour le moment, elle ne fait qu'obéir à son intuition. Mais on ne peut nier leur mystérieuse, puissante et parfois violente influence.*

***

Je sais qu'il est convenu de faire de l'astrologie une science, mais sa combinaison avec la logique kantienne de Marlène ne laissait pas de m'étonner. A dire vrai, Marlène était loin de soumettre chacune de ses décisions à la consultation des astres. A une époque, certains de ses choix de carrière ont pu être influencés par ses visites chez l'astrologue, mais quand je l'ai connue, elle avait pris beaucoup de recul face à ce mode divinatoire, considérant que s'il y avait là une vérité à prendre, elle était hors d'atteinte pour l'homme.

En ce qui me concerne, je n'ai jamais vu

Marlène adopter réellement une ligne de conduite en fonction de la position des astres. Reste qu'en chaque début d'année, elle aimait assez lire dans les magazines les prédictions la concernant pour les douze mois à venir. Elle me lisait également mon horoscope. Je ne sais quelles furent les prévisions pour 1976, mais cette année se révéla une année noire pour elle.

Tout débuta en fait en décembre 1975. Marlène devait chanter à Sidney, en Australie. Au moment de monter sur scène, elle se prit les pieds dans un câble et tomba à la renverse dans la stupéfaction générale. Le rideau à peine levé retomba brutalement. Ce devait être la dernière « apparition » de Marlène Dietrich sur une scène de music-hall. Elle venait de se casser le fémur gauche. Plâtrée en Australie, elle fut ensuite conduite à New York pour y être soignée.

Quelque temps auparavant, elle avait eu une alerte en faisant une grave chute dans un théâtre de Washington. Son chef d'orchestre avait voulu lui faire un baise-main, il était tombé de son tabouret et avait entraîné Marlène dans la fosse d'orchestre.

On a souvent relevé cette ironie cruelle qui voulait que ce fussent les jambes de Marlène, à qui elle devait une partie de sa gloire, qui devenaient désormais la source de tous ses malheurs.

Son retour à Paris fut des plus pénibles, et malheureusement par ma faute. Je devais aller la chercher à l'aéroport de Roissy, qui était encore une nouveauté pour moi. Je me suis perdu dans le dédale des bretelles et des aérogares et je suis arrivé en retard.

Marlène m'attendait au point des arrivées, assise dans un fauteuil roulant, une couverture sur les jambes. Ce jour-là, je sais qu'elle m'a littéralement haï. Des photographes étaient présents sur les lieux et, les jours suivants, on put voir dans toute la presse les clichés de cette vieille dame en fauteuil roulant, ses longues et belles mains s'efforçant de cacher son visage, tandis que ses yeux cherchaient désespérément celui qui avait promis de venir la prendre dès sa descente d'avion. La personne qui l'accompagnait arracha l'appareil d'un journaliste qui était en train de la mitrailler. Lorsque, enfin, je suis arrivé, Marlène m'a jeté, les lèvres crispées :

— Louis, je vous tiens responsable des minutes les plus horribles de ma vie.

Quelques mois plus tard, son mari Rudi Sieber décédait dans son ranch californien. Marlène ne se rendit pas à l'enterrement.

— J'ai perdu ma mémoire, me dit-elle. Rudi savait tout sur moi.

Leur mariage avait duré un peu plus d'un demi-siècle, leur vie commune quelques années seulement. Peu après l'époux, ce fut le tour de l'homme qui avait été sa plus grande passion amoureuse : Gabin mourut en novembre 1976 à l'hôpital américain de Neuilly. C'est par la presse que Marlène apprit la nouvelle. Elle en fut profondément affectée, même si elle fit de son mieux pour ne pas le montrer. En ma présence, elle se contenta de ce commentaire :

— Je suis veuve une seconde fois...

Elle considérait que Gabin était mort trop tôt

et mettait en cause les médecins qui n'avaient pas tout mis en œuvre pour le sauver.

Et elle connut un moment d'immense tristesse quand le notaire — un Moncorgé, parent donc de Jean Gabin — se présenta chez elle et lui tendit un paquet :

— Madame, selon les termes du testament que nous avons ouvert, monsieur Gabin vous lègue ceci.

Marlène ouvrit l'enveloppe : elle contenait tous les présents qu'elle lui avait offerts, et notamment un bracelet de chez Cartier sur lequel elle avait fait graver son matricule, la veille de son départ pour la deuxième division blindée.

— Je lui avais fait de beaux cadeaux, tout de même...

Mais Marlène, on le sait, n'aimait pas s'appesantir sur le passé. A quoi bon garder ces souvenirs ? Elle referma l'enveloppe et envoya le tout à la nièce de Gabin.

***

C'est à contrecœur que Marlène accepta de tourner dans *Just a gigolo*, un film que devait réaliser David Hemmings, l'ancien acteur de *Blow up*. Hormis une brève apparition en 1964 dans *Deux Têtes folles*, elle n'avait pas évolué devant une caméra depuis dix-sept ans, depuis *Jugement à Nuremberg*.

David Hemmings lui avait proposé un cachet faramineux : plus d'un million de francs, une somme considérable en 1978, pour un rôle de dix lignes. Marlène avait besoin d'argent et elle ne pouvait se permettre de rejeter une telle offre. Cela ne l'empêchait pas de considérer qu'elle se « prostituait ».

Le rôle qu'elle devait tenir était celui d'une tenancière d'hôtel pour gigolos. L'un d'eux était interprété par le chanteur David Bowie, que Marlène n'avait jamais rencontré. En fait, elle n'eut pas l'occasion de le voir car les scènes dans lesquelles ils devaient apparaître ensemble furent tournées en plans de coupe.

Alimentaire ou pas, le travail était sacré pour Marlène. Elle s'occupa donc entièrement de son costume comme elle l'avait fait autrefois, notamment dans la *Soif du mal* d'Orson Welles, où elle apparaissait en gitane mexicaine. René Clair, qui la dirigea dans *la Belle Ensorceleuse*, dit un jour à un confrère réalisateur qui devait tourner avec Marlène :

— Méfiez-vous parce qu'elle va vouloir décider du choix de ses costumes. Elle a tendance à en rajouter et ce n'est pas toujours en accord avec le scénario !

Mais Marlène partait d'un raisonnement qui s'est avéré juste :

— Il vaut mieux être légèrement décalée dans le choix d'un costume car ainsi on est sûr de ne jamais être démodée.

Aujourd'hui, lorsqu'on regarde ses films, on s'aperçoit en effet qu'à cause de ce décalage, de cette outrance, ses costumes paraissent intemporels.

Pour *Just a gigolo*, et à cause de ses problèmes de jambes, elle s'était fait faire de longues bottes très fines dans le but de masquer l'imperfection de ses mollets. J'étais allé moi-même les chercher chez un chausseur italien de la rue de la Paix. Le chapeau, orné d'une grande voilette, avait été conçu par Madame Paulette et le costume réalisé par Lagerfeld. Fidèle à elle-même, Marlène continuait de veiller au moindre détail.

Elle fit venir sa fille de New York pour le tournage. Ce dernier ayant lieu dans l'après-midi, à une heure où je travaillais, je ne pus me rendre sur le plateau. Le soir, impatient de savoir comment cela s'était passé, je me précipitai avenue Montaigne.

Marlène était rayonnante. Elle s'empressa de tout me raconter. L'équipe du film, jeune dans son ensemble, l'avait accueillie comme une reine. Le réalisateur avait décidé de rajouter une scène, celle où on la voit chanter *Just a gigolo* assise sur un piano. Ce n'était pas prévu dans le contrat mais Marlène — qui ne perdait pas le nord — avait exigé une rallonge qu'elle avait obtenue.

En fait elle disait les paroles plus qu'elle ne les chantait, avec une voix qui n'avait plus la sûreté d'autrefois, mais qui n'en avait peut-être que plus d'impact. La chanson avait compté tellement d'interprètes de talent que Marlène avait opté pour ce « chanter-parler » typiquement allemand.

Jean Bernard, le pianiste de Gilbert Bécaud, était au piano. Dès que Marlène avait ouvert la bouche, un silence religieux s'était installé sur le plateau. Tous les acteurs avaient retenu leur souffle, les techniciens avaient essuyé une larme. Devant la caméra, sous la lumière des projecteurs, Marlène avait retrouvé tout d'un coup la magie du cinéma, car au fond d'elle-même, quoi qu'elle ait pu dire, cela devait lui rappeler des souvenirs heureux.

L'enregistrement s'était effectué en prise directe.

Marlène avait rejoué la scène une deuxième fois par pur perfectionnisme car l'ingénieur du son s'était dit amplement satisfait par la première prise.

Ce moment d'émotion lui fit oublier la tristesse que lui causait le fait d'avoir dû accepter ce tournage, considéré par elle comme une sorte de faute professionnelle. Elle n'aima d'ailleurs pas le film, trouvant le réalisateur quasi inexistant. Il faut dire que quand on a été dirigée par Sternberg, Hitchcock ou Welles, on devient difficile...

Néanmoins, le soir du tournage, elle est revenue tout auréolée de la joie que ce « retour » lui avait procurée, heureuse d'avoir eu ce contact direct avec les gens, elle qui n'en avait déjà plus beaucoup.

— C'était si bien tous ces jeunes autour de moi, me dit-elle. J'ai senti qu'ils étaient sincèrement émus de m'entendre chanter.

***

En arrivant un matin chez Marlène, je la trouvai étendue dans sa salle de bains. Elle avait glissé sur le carrelage et, incapable de se relever, elle avait passé la nuit par terre. Elle était parfaitement consciente et semblait même avoir bien tenu le coup. Je la pris dans mes bras et la portai sur son lit.

J'appelai le professeur Judé, un des plus célèbres chirurgiens orthopédistes de Paris. Diagnostic : Marlène s'était fêlé le trochanter, un petit os de la hanche.

— Il serait inutile de l'opérer, me dit le professeur Judé. Il faut simplement qu'elle se repose et qu'elle reste bien allongée.

Ce conseil sans doute judicieux médicalement s'avéra en fait être le plus mauvais qu'on pouvait donner à Marlène. Il revenait à flatter une aspiration à un confort physique dans lequel elle risquait de se complaire. Tout danger d'une nouvelle fracture s'évanouissait. A partir du moment où elle s'est couchée, Marlène n'a plus éprouvé le besoin de sortir.

Dans de telles conditions, je craignais que cette vieille dame presque octogénaire ne nourrisse inéluctablement un sentiment de lassitude face à la vie, voire de renoncement. En fait, mes craintes remontaient à son accident en Australie. Après cette chute, Marlène avait dû admettre qu'elle ne repartirait plus jamais en tournée. Elle devait se résoudre à quitter définitivement cette scène qui lui avait apporté tant de joies. Puis il y avait eu la mort de son mari et celle de Gabin qui, bien qu'elle le dissimulât, l'avaient atteinte moralement. Et maintenant, cette chute dans sa salle de bains... Comment ne pas redouter que Marlène ne se laisse dépérir, plus ou moins consciemment ?

La suite allait heureusement démentir mes supputations pessimistes. Car Marlène ne renonça pas à la vie. Elle s'adapta. Avec une formidable force de volonté, elle apprit à gérer sa nouvelle existence. Pas une fois je n'ai senti que la vie de la rue lui manquait. Pas une fois elle n'a exprimé le regret de ne plus sortir pour des essayages chez Dior ou Chanel. Jamais elle ne m'a dit « vous êtes sorti » avec ce soupir d'envie qu'ont les gens qui vivent reclus. Elle qui aimait tant les restaurants, jamais elle ne m'a dit : « Quel dommage que nous n'allions plus dîner dehors ! »

Elle trouvait dans cette réclusion à la fois forcée et volontaire une espèce de bonheur, presque de sérénité. Tout se passait en définitive comme si elle acceptait de s'enfermer pour vivre enfin tranquille. On était en 1978. Elle allait passer ainsi près de quinze ans.

CHAPITRE 6

MADAME EST SORTIE

Louis Bozon : *Marlène, je vois que votre bureau est couvert de lettres. Vous recevez un courrier si abondant ?*

Marlène Dietrich : *Oui, chaque jour.*

L.B. : *Qui s'occupe du courrier des admirateurs ?*

M.D. : *Si je ne suis pas en voyage, c'est moi. Croyez-moi, c'est du travail. Il y a toujours un idiot de journaliste qui gagne misérablement sa vie en mettant son nez dans les affaires des autres et en publiant les adresses des gens célèbres pour montrer qu'il est bien informé. Et puis il y a les agences qui fournissent les nouvelles aux journaux du monde entier. Dans mon cas, le résultat, c'est cinquante à soixante lettres par jour. La secrétaire n'y touche pas.*

L.B. : *C'est vous qui glissez les photos dédicacées dans les enveloppes ?*

M.D. : *Beaucoup plus que ça. Je réponds à leurs questions, leurs plaintes, leurs demandes de conseils. Les lettres commencent toujours par « Je ne veux pas vous ennuyer avec mes désirs et mes soucis, mais... » et puis ça part. Et je réponds. Le courrier de neuf et onze heures m'occupe jusqu'à midi et demi, une heure. Très souvent, les parents m'écrivent en me donnant les dates d'anniversaire de leurs enfants, me demandant d'écrire « Joyeux anniversaire » sur la photo... Il y a aussi des jeunes qui sont dans des hôpitaux et mes réponses prennent alors encore plus de temps. Je ne reçois jamais de lettres qui disent seulement : « Je suis collectionneur d'autographes. » Il y a toujours une raison plus profonde exprimée.*

***

Marlène avait réduit au strict minimum les gens qu'elle voyait. Il y avait maître Kam pour les finances et les procès, sa femme de chambre pour le ménage et Norma Bosquet pour le courrier, moi enfin pour les services et la compagnie. Cette organisation rationnelle lui évitait bien des tracas, en limitant au mieux les sujets de mécontentement et de déconvenue.

La secrétaire arrivait à deux heures. A vrai dire, le travail était déjà mâché par Marlène qui avait passé la matinée à trier son courrier pourtant considérable et à y répondre. Il m'est arrivé plusieurs fois de lui monter ces lettres et j'étais toujours étonné de la quantité de missives qui pouvaient encore arriver. Elle feignait d'être lasse de cette imposante correspondance mais je suis persuadé que cette contrainte lui tenait à cœur.

Les gens lui disaient leur admiration, ou demandaient un conseil. Souvent ils envoyaient des photos à dédicacer. Marlène en découvrait parfois qu'elle ne connaissait pas : elle les remplaçait alors par une autre, gardant la photographie envoyée. Mais elle se faisait un devoir de répondre à toutes les lettres, à condition toutefois qu'elles soient accompagnées d'une enveloppe timbrée ou d'un coupon international, car ce courrier finissait par représenter des sommes colossales.

En général, elle écrivait à la main et la secrétaire tapait. Quand celle-ci ne venait pas, Marlène tapait elle-même sur une petite machine Olympia mécanique qu'elle gardait à proximité de son lit. Dans cette tâche, elle faisait preuve du même perfectionnisme qui l'avait toujours animée.

— Madame Norma, est-ce que vous avez bien envoyé cette lettre ? Est-ce que le dossier est prêt ?

Comme c'était en général elle qui le préparait, le dossier en question était forcément prêt. Mais elle voulait s'assurer qu'on avait bien mis le timbre sur l'enveloppe. Elle gardait à portée de main sa boîte de timbres, en cas d'oubli.

Elle était d'une impatience folle : lorsqu'un colis était expédié, il fallait qu'il arrive à destination sous les vingt-quatre heures, même si c'était à l'autre bout du monde. Elle dépensait des fortunes en dépêches et colis exprès, en télex de toute sorte, constamment à l'affût des innovations apportées par les PTT ou les organismes postaux internationaux pour accélérer le courrier.

Pour les lettres officielles, j'étais souvent mis à contribution : Norma étant américaine, son français restait sujet à caution. Marlène me faisait donc relire et corriger ses ébauches, ou me posait des questions parfois cocasses :

— Louis, est-ce que je peux écrire « vous êtes mon bon ami, monsieur le Ministre » ?

— Tout dépend de votre intimité avec lui...

Je relisais également les interviews qu'elle accordait parfois, par écrit, à quelques magazines. Pour la forme elle contestait mes corrections, mais au fond elle se reposait sur mon jugement, dans ce domaine au moins.

Jusqu'à la fin de sa vie, Marlène voulut s'occuper de tout. Elle avait horreur de déléguer. A tel point qu'il était même difficile de téléphoner de chez elle parce qu'elle s'en apercevait et demandait aussitôt :

— Qui est-ce qui téléphone ?

Marlène n'aimait pas non plus qu'on réponde à sa place. Quand je l'appelais, il était rare que je ne tombe pas directement sur elle. Si la femme de chambre décrochait avant, elle avait rarement le temps de finir sa phrase. Marlène se branchait aussitôt sur la ligne.

Je lui avais conseillé de prendre un répondeur

pour filtrer les appels. Mais elle n'aimait pas les machines. Je lui avais un jour acheté un appareil téléphonique à clavier dont elle n'a jamais voulu se servir. Elle tenait à son cadran rond.

Son numéro changeait fréquemment mais les gens se débrouillaient toujours pour l'obtenir. De telle sorte qu'elle pouvait aussi bien tomber sur un ami que sur un parfait inconnu. Cas de figure relativement fréquent, il y avait aussi l'ami qu'elle ne voulait pas entendre.

— Madame est sortie, répondait-elle alors en imitant la femme de chambre.

Ou bien elle prenait un accent cockney, un peu comme dans *Témoin à charge* :

— Vous faites erreur de numéro, vous êtes ici chez un médecin.

Combien de fois Jean-Pierre Aumont, par exemple, m'a dit :

— Je l'appellerais bien plus souvent, mais chaque fois que j'essaie de la joindre, elle fait le docteur !

J'ignore pourquoi elle avait recours à ces subterfuges grossiers. Elle, si bonne comédienne, se livrait là à une imitation plus qu'approximative et tous ceux qui la connaissaient un tant soit peu ne pouvaient pas se tromper sur l'identité de la personne au bout du fil.

***

Louis Bozon : *Quels sont vos écrivains préférés ?*

Marlène Dietrich : *Scott Fitzgerald, Radiguet, Pautovsky, Rilke, Hamsun, Goethe, et naturelle-*

ment Hemingway. Mais je pense que vous voulez savoir ce que je lis en ce moment.

L.B. : *Oui, s'il vous plaît.*

M.D. : *Mailer, Cruz Smith, Dick Francis, Anthony Burgess, John McDonald, Ross McDonald, Gregory McDonald. Ces derniers, je les lis très tard le soir ou la nuit. Mais comme nourriture spirituelle, je reviens toujours à Rilke. Dommage qu'il n'y ait pas de bonnes traductions en français. Les traductions anglaises sont excellentes. Rilke adorait la France, il était aussi immigrant, ici en France. Mais il est très difficile à traduire, avouons-le.*

L.B. : *Goethe a dit que « la traduction produit un désir irrésistible pour l'original ».*

M.D. : *Je lis tout en anglais, français et allemand. Mais hélas je ne connais pas suffisamment les autres langues. Je dois me contenter des traductions.*

L.B. : *Vous m'avez parlé un jour de l'écrivain Colette...*

M.D. : *Oui, je parle d'elle souvent et aussi de ses soi-disant funérailles. Elle était catholique, mais divorcée. L'Église lui avait refusé des funérailles religieuses. L'ingéniosité des Français leur a fait trouver un subterfuge pour rendre hommage à ce personnage illustre. Une cérémonie s'est tenue dans la cour du Palais-Royal à Paris. C'était un jour froid d'au-*

tomne, lumineux et tranquille. Le cercueil était dressé sur un piédestal, recouvert du drapeau français. Quand les fanfares retentirent, une brise légère se mit à jouer avec le drapeau. Les voix des grands écrivains et hommes d'État qui prononcèrent les éloges funèbres résonnaient contre les façades, soulevant le drapeau et le redéposant doucement sur le bois sombre jusqu'à ce que les mots des orateurs ne soient plus qu'un accompagnement aux jeux du vent. Il se glissait sous le drapeau, le faisant onduler comme un enfant qui jouerait le soir sous ses draps. La cérémonie terminée, nous sommes partis, essayant de ne pas faire de bruit dans la grande cour du Palais-Royal. Le vent, lui, demeura. Il continua son jeu avec le drapeau dans la vaste cour vide. Il apportait peut-être un message de saint Pierre.

***

J'ai toujours pensé que Marlène possédait une vraie sensibilité littéraire. C'était une femme d'une culture et d'une intelligence rares, même si elle prétendait le contraire, insistant constamment sur ses « lacunes » :

— Je suis très bête, c'est la raison pour laquelle j'apprécie la compagnie des gens intelligents : ils m'apportent toujours quelque chose.

Hemingway affirmait que l'opinion de Marlène lui était extrêmement précieuse et il lui soumettait toujours ses textes avant publication : « Elle connaît les choses dont je parle : les gens, le pays, la vie, la mort, les problèmes d'honneur et de conduite... Je suis persuadé qu'elle en sait plus sur l'amour que quiconque. »

Aucun des grands écrivains vivants ne lui était inconnu. Lorsqu'elle était en tournée, elle essayait de les rencontrer. Pautovsky était à ses yeux une sorte de génie. Elle avait été profondément honorée que cet homme vînt assister à son récital en Pologne, elle s'était même agenouillée devant lui. En ce qui concerne la France, elle prétendait, non sans quelque raison, qu'il n'y avait plus de géants de la littérature.

Marlène préférait relire inlassablement ces auteurs de chevet, Goethe et Rilke. Souvent, le soir, quand elle était de bonne humeur, elle me récitait certains de leurs poèmes qu'elle connaissait par cœur puis s'efforçait de m'en traduire le sens et la musique.

Ses livres en langue anglaise lui étaient envoyés par sa fille ou par des amis londoniens. J'avais beau lui dire qu'on pouvait pour la plupart les trouver à Paris, elle aimait autant les recevoir de Maria. Lorsqu'elle les avait finis, ils allaient s'entasser avec les autres aux quatre coins du salon. Il y en avait des centaines.

Marlène dévorait pratiquement tout ce qui paraissait mais elle avait un faible pour les biographies et les Mémoires, qu'elle annotait souvent de ses propres réflexions. Lorsqu'elle me prêtait ses livres, je pouvais ainsi lire dans la marge : « faux ! », « menteur ! » ou « tiens, tiens... ». Si un acteur écrivait par exemple : « Ma partenaire dans ce film a été absolument merveilleuse, nos rapports ont été idylliques... », Marlène corrigeait : « Faux, vous n'avez pas arrêté de vous prendre le bec. »

Sa curiosité insatiable se portait également sur les magazines, dont elle était friande. Les kiosques parisiens étant bien fournis, elle lisait pratiquement toute la presse allemande, anglaise et française. En revanche, elle détestait la presse italienne qui, il faut le dire, avait plusieurs fois publié des articles scandaleux sur son compte. Elle recevait à domicile le *New York Times*, tous les hebdomadaires américains, ainsi que *le Figaro* et *France-Soir*, pour ses pages spectacle. Souvent, elle découpait des articles pour les adresser à Maria, après y avoir ajouté ses annotations au marqueur. Elle envoya ainsi une photo de Deneuve avec cette exclamation : « Quelles jambes affreuses ! » et une photo récente de Garbo ainsi commentée : « Comme c'est laid de vieillir ! »

Marlène attendait comme le Messie l'arrivée du *Variety*, l'hebdomadaire sacré du monde du théâtre et du cinéma. Elle avait un besoin passionnel de se tenir au courant de tout ce qui se passait dans sa profession. Mais elle lisait véritablement tout ce qui lui tombait sous la main, y compris *Playboy* et *Playgirl* ! Elle me disait parfois en feuilletant ces revues :

— Ces femmes se vendent... Cela n'empêche que Bo Derek a la plus belle chute de reins qu'on ait jamais vue. Ce qui me gêne, c'est que toutes ces filles sont blondes comme les blés et pourtant il y a toujours ce singe noir blotti entre leurs cuisses. Tant qu'à faire, elles pourraient aussi le décolorer !

Souvent, elle voyait dans *le Figaro Magazine* des objets étranges qu'elle me demandait d'aller acheter en trois ou quatre exemplaires. Je devais alors courir dans les endroits les plus incongrus de la Capitale à la recherche des gadgets les plus improbables, comme le stylo-qui-fait-loupe-et-boussole ou la montre-qui-prend-la-tension-mais-donne-aussi-l'heure. Chaque fois, il y avait un exemplaire pour Maria. Comme celle-ci ne jette rien, elle doit posséder aujourd'hui un bric-à-brac extraordinaire !

***

Dans ma boîte aux lettres, je trouvais fréquemment des documents concernant Marlène et sur lesquels elle avait écrit : « Photocopie à monsieur Bozon ».

Elle avait en effet la manie des copies. Comme moi, sa fille Maria en était inondée, si bien qu'elle devait être au courant des moindres faits et gestes de sa mère.

Je recevais les doubles de lettres destinées à son avocat, des réponses aux sollicitations les plus diverses dont elle faisait l'objet... Que sais-je encore ? J'ai toujours chez moi des dossiers remplis de « copies à monsieur Bozon ». Pour la plupart, ces lettres n'avaient strictement aucun intérêt pour moi. Mais je prenais cette habitude de Marlène pour un honneur : c'était un peu comme si elle me disait : « Vous comptez pour moi, je tiens à ce que vous soyez au courant de telle ou telle chose... »

Lorsque j'arrivais chez elle, elle me demandait simplement :

— Vous avez reçu ma lettre ?

— Oui.

— Très bien.

Mais le plus souvent, il était tout à fait inutile de le mentionner. Si je lui accusais réception d'une copie, elle me répondait :

— Oui, ce n'est pas la peine de me le dire, vous l'avez reçue, c'est bien.

Autrement dit, c'était une affaire classée. Pourquoi y revenir ?

Hommage rendu à ma discrétion, cette manie de m'envoyer des doubles était aussi un moyen de m'impliquer davantage dans sa vie. En effet, ces lettres exigeaient parfois une intervention de ma part, ce que d'ailleurs j'acceptais volontiers.

Marlène disposait d'une photocopieuse à domicile, installée dans le bureau. Je la lui avais achetée au début des années soixante-dix, lorsque étaient sorties les premières photocopieuses à usage personnel. Avec son téléphone, cette machine était devenue pour elle un outil indispensable. Si elle venait à tomber en panne, c'était un véritable drame ! Bien entendu, j'étais chargé de faire effectuer les réparations au plus vite.

***

Comme tout bon locataire, Marlène recevait chaque mois sa quittance de loyer, adressée par la copropriété au nom du baron de Jansen, propriétaire de son appartement. Mais voilà qu'un beau jour on lui fit parvenir une quittance d'une formule nouvelle : l'innovation consistait à détailler par le menu des charges autrefois notifiées en bloc. Marlène, qui s'était jusqu'alors désintéressée du problème, s'aperçut tout d'un coup qu'elle devait payer pour les rosiers ou pour l'uniforme des concierges. Avec sa logique allemande, elle s'indigna :

— Ces rosiers, je ne peux pas les voir de mes fenêtres et quant aux concierges, ils ne portent jamais d'uniforme !

La somme allouée correspondait évidemment à une allocation vestimentaire. Et en ce qui concerne les rosiers, il était difficile d'établir une facturation au prorata de la vue sur les massifs de fleurs. Mais Marlène se braqua :

— Je refuse de payer ces charges qui sont d'une iniquité flagrante !

Le premier mois, ce n'est pas bien grave, la première année passe encore... Mais la situation risquait de se compliquer et j'essayais de mettre Marlène en garde :

— Vous devriez payer, vous allez vous créer inutilement des ennuis.

Après plusieurs années de refus entêté, le procès s'avéra inévitable. L'affaire passa devant le tribunal d'arrondissement. Le juge fut extraordinaire, on sentait qu'il ne voulait en aucun cas condamner Marlène Dietrich. Il fit donc reporter l'affaire. Maître Kam s'escrima en plaidoiries multiples mais un événement fit pencher la balance en sa défaveur :

— Le baron de Jansen vient de mourir, annonça-t-il à Marlène. Il va falloir payer les charges...

En effet, le baron s'était montré somme toute conciliant, flatté qu'il était d'avoir Marlène Dietrich pour locataire. Ses héritiers, eux, n'allaient pas faire de quartier. Marlène fut sommée d'acquitter ses dettes. Elle refusa de capituler.

— Marlène, lui répétai-je, vous devez payer les charges, comme tout le monde !

J'étais obligé d'articuler très fort car lorsqu'elle était en colère, elle ne voulait plus rien entendre. Maître Kam fut contraint de jeter l'éponge :

— Je ne peux plus rien faire, Marlène ! Nous avons épuisé toutes les procédures imaginables.

Je reçus le coup de fil des huissiers qui me firent les sommations d'usage.

— Monsieur Bozon, vous êtes le seul à avoir la clé, ne nous forcez pas à enfoncer la porte !

Je ne voulais même pas songer à cette éventualité. S'ils entraient de force, Marlène aurait une attaque... à moins qu'elle ne les reçoive à coup de revolver !

— Vous n'enfoncerez pas la porte ! m'écriai-je.

J'allai prévenir Marlène des menaces qui pesaient sur elle.

— Ah, ils veulent m'expulser ! Eh bien qu'ils le fassent ! Moi sur le trottoir, on verra ! Quel scandale !

Heureusement, on n'en arriva pas à une telle extrémité. Maître Kam intervint une fois de plus et les deux parties parvinrent à un arrangement. Marlène dut se résoudre à payer, mais elle eut les plus grandes difficultés à le faire car cela finissait par représenter des sommes énormes.

La cause de ses ennuis était à chercher dans sa seule obstination. Elle s'était acharnée sur des détails qui n'en valaient pas la peine ou qui ne pouvaient que lui faire du tort. Pour une fois, son perfectionnisme avait eu une influence négative.

Mais hélas l'affaire eut un autre retentissement. Quand la presse en eut vent, elle exagéra les difficultés financières — réelles — de la star en prétendant qu'elle ne pouvait plus payer son loyer. Tout juste si on n'annonçait pas qu'elle serait bientôt à la rue ! L'isolement ne mettait pas Marlène à l'abri des rumeurs. Au contraire, la moindre bribe d'information, vérifiée ou non, était montée en épingle par les journalistes. Peu à peu, un autre mythe, celui de la star recluse et ruinée, s'était greffé sur la légende du « glamour » hollywoodien.

On a aussi écrit beaucoup de choses ignobles sur Marlène et son « alcoolisme ». S'il est vrai que sa fille Maria put songer un moment à lui faire faire une cure de désintoxication, son cas ne fut ni exceptionnel, ni très dramatique.

Elle me racontait souvent que durant la guerre, lorsque les soldats américains partaient au front, on leur donnait du calvados, remède miracle contre le froid, la faim et la peur :

— Combien de fois en ai-je bu le matin à jeun pour aller vomir presque aussitôt. Mais l'alcool, ça tient chaud au corps !

Quand j'ai connu Marlène, notre boisson de prédilection était le champagne. Comme elle ne mangeait pratiquement pas pendant les repas, elle sirotait ses coupes. Parfois, lorsqu'elle avait un peu trop forcé, cela pouvait donner lieu au pire à des scènes embarrassantes, comme le soir où la blanquette de veau a fini sur la moquette. Puis un jour, elle a cessé d'aimer le champagne. Elle en servait encore à ses invités mais elle s'était mise au whisky. Là encore, sa consommation était avant tout conviviale. Peut-être avait-elle aussi pris l'habitude d'en boire un verre avant ses spectacles, pour se donner un coup de fouet, encore qu'elle affirmait n'avoir jamais connu le trac :

— Si on doit mourir de peur tout le temps, autant changer de métier, disait-elle.

Je ne l'ai jamais vue ivre en scène, mais elle avait certainement besoin de se doper. Qui, dans ce métier comme ailleurs, ne se dope pas à quelque chose ? Au fil des années, lorsque la solitude s'est faite plus grande, Marlène a peut-être puisé dans l'alcool une sorte de consolation. Je considérais cela comme une petite faiblesse, chez une femme qui en comptait peu. En tout cas, jamais nous n'avons abordé le sujet. « Pas de commentaire ! »

Pourtant, elle qui avait toujours une conscience aiguë de « ce qui ne se fait pas » devait savoir que l'abus d'alcool ne pouvait que lui causer du tort. Marlène était une alcoolique honteuse : chez elle, elle se servait toujours de tout petits verres, ce n'était jamais ostensible.

Car il ne faut pas imaginer des soûleries sordides où elle se serait traînée par terre. Si alcoolisme il y avait, il était très mondain. Suffisant toutefois pour, à son point culminant, détériorer gravement les rapports qu'elle entretenait avec les autres. Les dîners se terminaient mal, Marlène devenait irascible, proférait des paroles qu'on n'avait pas l'habitude d'entendre dans sa bouche. Et nous étions sans défense face à cela.

Au début des années quatre-vingt, Marlène a donné une interview chez elle à Maximilien Schell, son ancien partenaire de *Jugement à Nuremberg*. En écoutant cette bande, quelqu'un qui la connaît bien sait que ce n'est pas sa voix normale, mais déformée, rendue agressive par le whisky. Et aussi par le fait que Marlène n'avait accepté cette interview que pour des raisons financières et qu'elle s'en voulait de se vendre ainsi. Cela s'est d'ailleurs très mal terminé et Schell a déclaré forfait au milieu de l'entretien.

La période whisky fut sans conteste plus pénible que la période champagne. J'eus moi-même à en souffrir. Quand elle avait trop bu, elle passait vite à une espèce de colère que je ne parvenais plus à dominer. Il ne me restait souvent qu'à battre en retraite.

— Marlène, je m'en vais.

Je disais cela d'une voix assez forte pour qu'elle sente que je n'étais pas content. Elle avait assez de lucidité pour comprendre qu'en effet il valait mieux que je m'en aille, parce qu'elle ne devenait plus supportable. Je crois qu'elle était consciente du mal qu'elle faisait aux autres et qu'elle se faisait, et elle en a été malheureuse. C'était une mauvaise période pour elle.

De mon côté, je faisais mon possible pour truquer. Je coupais son whisky avec de l'eau. Je crois qu'elle ne s'en est jamais aperçue. De toute façon, nous n'en parlions jamais ouvertement. Mais j'avais compris que ma responsabilité avait augmenté d'un cran. J'avais passé des années à protéger Marlène à l'extérieur, je devais à présent la protéger aussi d'elle-même.

***

Mes liens avec Marlène continuaient d'influer sur ma carrière. En fait, ils me fermaient davantage de portes qu'ils ne m'en ouvraient. Pour beaucoup de gens, je n'étais plus que « celui-qui-voit-Marlène ». Je me souviens même d'un confrère journaliste qui m'aborda ainsi :

— Alors, tu habites toujours avenue Montaigne, *chez* Marlène Dietrich ?

Si je lui avais dit que j'étais au numéro 26 et elle au 12, il ne m'aurait probablement pas cru... Lorsqu'on me demandait des interviews, les questions déviaient rapidement sur mes rapports avec l'illustre actrice. Tout ce que je disais alors me faisait froid dans le dos, la phrase la plus anodine pouvant revenir aux oreilles de Marlène et compromettre notre relation de confiance.

Partout, on espérait que je « lâche » quelques informations indélicates sur Marlène. Un des grands magazines de télévision me promit plusieurs fois sa couverture, je fus même convié à des séances de photos. Mais au dernier moment, le projet tombait à l'eau car il y avait toujours cette sollicitation à laquelle je refusais de me plier :

— Quand même, Louis, fais un effort... C'est un échange de bons procédés entre confrères... On t'offre une première page, tu dois bien avoir quelque chose à nous donner sur Marlène...

Je tins bon jusqu'à sa mort, et si notre amitié dura presque trente ans, c'est que Marlène fut sensible à ces scrupules. Très peu de ses amis avaient tenu aussi longtemps, sinon aucun. Suis-je un traître aujourd'hui en écrivant ce livre ? Ai-je enfin mérité que ma tendresse s'exprime, et que soit livré au public ce personnage de femme si terriblement attachant, même quand il déroutait ?

***

Un de mes meilleurs amis venait de perdre sa mère. Marlène, qui le savait au désespoir, l'avait invité à un dîner de consolation, une attention dont je lui fus reconnaissant. Les premières phrases qu'elle lui a dites en guise de condoléances, et qu'elle avait vraisemblablement pesées, furent celles-ci :

— Votre mère est morte ? Eh bien, occupez-vous de votre père maintenant !

J'étais outré. Le lendemain, je lui adressai mes reproches.

— Comment avez-vous pu lui dire une chose pareille ? Vous ne vous rendez pas compte ?

— Mais je n'avais aucune intention de le blesser. J'ai cru agir pour le mieux. Je voulais lui faire comprendre qu'il ne pouvait plus rien pour sa mère et qu'il devait consacrer tout son amour aux vivants, à ce bien si précieux qu'est son père.

Je sentis qu'elle était sincère. Souvent, j'étais moi-même victime de ces réflexions involontairement cruelles. Je partais vexé, décidé à ne plus l'appeler. Étonnée par mon silence, Marlène mettait alors son orgueil dans sa poche et me rappelait. Elle semblait surprise :

— Quoi ? J'ai encore fait une gaffe ? Qu'est-ce que j'ai dit ? Dites-moi, je ne sais pas...

Dieu sait si Marlène pouvait se montrer « garce » à ses heures, et Dieu sait si elle avait le sens de la réplique assassine, qu'elle réservait en général à ses adversaires ou aux imbéciles. Mais très souvent, ce qu'on prenait pour une rosserie de sa part n'était que le résultat de ce qu'elle appelait — avec toujours ce raffinement des mots — ses « carences émotionnelles ».

Marlène était capable de prouver à quelqu'un un attachement profond et, dans la minute suivante, de manifester à son égard une indifférence cruelle. Je crois qu'elle a agi ainsi avec tous ceux qui l'ont approchée, tous ceux qu'elle a aimés. Elle était toujours déconcertante dans son affection, un peu comme un moteur qui aurait soudain des ratés, sans qu'on puisse en identifier la cause. Il fallait accepter ce qu'elle vous donnait — c'était déjà beaucoup —, sans attendre davantage. Car attendre davantage de Marlène, c'était courir le risque d'être amèrement déçu.

De tout temps, elle a été habituée à dissimuler ses sentiments. On pourrait sans doute invoquer l'influence d'une enfance soumise à une éducation qui ne favorisait guère l'extériorisation. Une éducation omniprésente, au point d'en devenir une infirmité pour les gens avec lesquels elle vivait. Marlène savait être tendre, mais il y avait toujours un moment où intervenait un mouvement de recul, comme une main tendue qui soudain se retire. Non pas par calcul mais par une sorte de pudeur, comme si ces choses-là ne devaient pas s'exprimer mais se comprendre à demi-mot.

Ainsi, Marlène me posait peu de questions sur ma vie privée. Il y avait là certainement une bonne part d'égoïsme : elle voulait qu'on soit disponible, et ne tenait pas à s'embarrasser des problèmes d'autrui.

Mais c'était aussi une forme de réserve. Elle me répétait :

— Ne posez jamais de questions personnelles ! Ne demandez pas même aux gens s'ils vont bien. S'ils vont mal, vous n'êtes pas sûr de répondre à leurs plaintes et s'ils vont bien, la question est d'une banalité affligeante.

***

Je regardais distraitement la télévision avec Marlène lorsque le visage de Gina Lollobrigida apparut à l'écran. La vedette italienne expliquait qu'elle avait abandonné le cinéma pour se consacrer désormais à la photographie.

— C'est difficile parce qu'on me reconnaît dans la rue : je ne peux pas prendre de photos incognito alors que j'aurais besoin justement de me fondre dans la foule. Alors je mets des perruques pour me déguiser !

Marlène se pencha vers l'écran de télévision :

— Mais mon ange, tu es comme moi, tu n'as que trois cheveux, tu as toujours mis des perruques !

J'éclatai de rire. Marlène savait glisser dans ses pires sarcasmes une part d'autodérision qui en désamorçait la méchanceté et les rendait irrésistibles.

Le hasard voulut que j'interviewe Lollobrigida quelque temps plus tard à France-Inter.

— Je sais que vous êtes très ami avec Marlène Dietrich, me dit-elle. On écrit de véritables horreurs sur elle en Italie. J'espère qu'elle n'est pas au courant...

— Si, elle est parfaitement au courant. Vous savez, Marlène me parle quelquefois de vous...

— Vraiment ? Ça me touche beaucoup. Je l'adore.

Je ne pouvais évidemment pas lui dire en quels termes. Mais peut-être ne s'en serait-elle pas offusquée. Ce genre d'humour doucement perfide n'est-il pas un trait de la profession ? C'est l'œil critique des professionnels qui connaissent les artifices du métier.

***

Douglas Fairbanks Junior était de passage à Paris et sa photographie avait paru dans divers journaux. Il avait été un temps le voisin de Marlène à Los Angeles et ils s'étaient liés d'amitié. Elle appela son hôtel.

— Pourquoi ne te fais-tu pas teindre les cheveux ? Les cheveux blancs te vieillissent tellement.

Fairbanks Jr. fut sans doute un peu surpris par cette entrée en matière. Mais pas rebuté puisqu'il demanda à Marlène s'il pouvait venir la voir.

— Pas maintenant. Rappelle-moi.

Les jours suivants, quand il appelait, elle reconnaissait sa voix et raccrochait aussitôt ou imitait la femme de chambre.

De la même façon, elle avait refusé d'ouvrir sa porte à James Stewart. Mais celui-ci avait fait le siège de son appartement jusqu'à ce qu'elle le reçoive à la sauvette, dans son entrée.

— Il a de la bedaine, dit Marlène lorsqu'il fut parti.

Il y avait indiscutablement chez elle le désir de

laisser à ceux qui furent ses intimes l'image de ce qu'elle était auparavant. Si elle a organisé sa vie dans la solitude, c'est aussi parce qu'elle ne voulait pas offrir le spectacle de sa vieillesse. Mais là encore, c'était moins sa légende qu'il s'agissait de défendre que sa dignité. Sa légende, Marlène ne voulait plus en entendre parler :

— Qu'est-ce que ça veut dire, la légende ? Je suis un mythe !

***

En me rendant au 12, avenue Montaigne, je voyais régulièrement les paparazzi à leur poste. Assis sur un banc à guetter le moindre mouvement dans l'appartement ou en train d'importuner les concierges.

Les fausses rumeurs circulaient de plus belle. On aurait vu Marlène arriver au Palace en chaise à porteur... On alla même jusqu'à publier une prétendue photographie de la star en compagnie de sa fille et de sa dame de compagnie. Ce n'était évidemment pas Marlène sur la photo, pas plus que Maria.

Malheureusement, le pire était encore à venir. Des photographes français se hissèrent à l'aide d'un camion-grue jusqu'au quatrième étage pour la prendre sur le vif dans sa chambre. On put voir alors dans la presse une photo sur laquelle Marlène tentait de cacher son visage derrière un oreiller. Deux ans plus tard, un 14 juillet, des Japonais renouvelèrent cet « exploit ». Ils arrimèrent leur grue rue Jean-Goujon avant de sauter carrément à pieds joints sur son balcon.

Marlène ne se laissa pas faire. Elle eut le réflexe

de s'emparer de ce pistolet d'alarme dont elle se servait pour effrayer les pigeons et le brandit dans leur direction. En voyant l'arme pointée sur eux, les Japonais vidèrent les lieux.

Je ne sais pas si on imagine bien la souffrance que ces expériences peuvent provoquer chez la victime. Elles furent vécues par Marlène comme de véritables traumatismes. Elle comprit avec effroi que son havre de paix n'était pas aussi sûr qu'elle le croyait. Et pourtant, que pouvait-elle faire de plus ? Rien, à part m'envoyer acheter un paravent qu'elle laissa longtemps devant sa fenêtre.

On ne pouvait donc plus l'atteindre de l'extérieur. Six mois avant sa mort, Marlène fut trahie de l'intérieur. Un des concierges, séduit par les sommes mirobolantes que lui proposaient les journaux, pénétra dans l'appartement et prit plusieurs clichés de Marlène endormie dans son lit. Quelque temps auparavant, un autre des concierges qui montait le courrier en avait profité pour photocopier un dossier personnel qu'il s'était empressé de revendre à bon prix à un magazine. La célébrité de Marlène la mettait constamment à la merci de ce genre de trahison, toujours si éprouvante moralement. Toute sa vie, elle avait dû se battre contre cette exploitation de sa personne.

— Je suis un animal traqué, me disait-elle. Louis, j'ai été brûlée par les flashes, j'ai été matraquée par les photographes !

En s'enfermant chez elle, elle avait pu un moment se croire à l'abri. Elle se rendait compte qu'il n'en était rien, qu'elle devait rester vigilante. La situation devenait même de plus en plus pénible puisque Marlène était diminuée physiquement et vivait seule. La femme de chambre venait dans la journée, son assistante l'après-midi, mais le reste du temps elle était à la merci d'un coup de force des photographes, qui lui avaient prouvé qu'ils ne reculeraient devant aucune ignominie pour voler les images d'une star vieillissante.

***

Un matin, en entrant dans la chambre, je trouvai Marlène le visage écarlate, à l'exception de deux cercles blancs autour de ses yeux, comme des lunettes. Je ne pus réprimer un éclat de rire.

— Mais enfin, qu'est-ce qui vous arrive ? Qu'est-ce que vous avez fait ? Vous êtes rouge comme un homard !

Il s'avéra qu'elle s'était acheté une lampe à bronzer, qu'elle l'avait installée à la tête de son lit et qu'elle était restée beaucoup trop longtemps exposée aux rayons. La colère empourpra encore davantage son visage.

— Vous riez ! s'exclama-t-elle. Vous riez !

Marlène aimait beaucoup se moquer d'elle-même mais avait horreur qu'on le fasse sans sa permission. Heureusement, ce jour-là, il n'y eut aucun photographe pour la surprendre dans cet état.

***

Marlène semblait de moins en moins disposée à fournir des efforts pour sortir de son lit. À plusieurs reprises, j'avais convoqué le kinésithérapeute, mais cela donnait lieu chaque fois à des scènes horribles : lui faisait son métier, elle refusait d'obtempérer.

Les kinésithérapeutes ont l'habitude de se montrer autoritaires. Pour les gens en rééducation, le moindre mouvement est synonyme de douleur, et ils rechignent devant l'effort que cela leur coûte. Cela déclenchait toujours des décharges d'adrénaline chez Marlène et elle finissait par traiter le kiné de tortionnaire.

— J'ai connu des SS pendant la guerre, je ne me suis pas laissé dominer par eux, ce n'est pas maintenant que je vais commencer !

Le kinésithérapeute finissait par baisser pavillon. Plusieurs fois, je le priai de revenir, mais il n'eut jamais raison d'elle. Découragé, il me dit un jour qu'il n'y avait rien à faire, qu'il ne parviendrait pas à briser la volonté de Marlène.

Celle-ci était consciente cependant de s'être mal conduite envers lui. Lorsqu'elle apprit quelque temps plus tard qu'il partait pour un congrès aux États-Unis, elle lui donna les adresses de tous les grands médecins qu'elle connaissait afin de lui ouvrir les portes.

— Je lui dois bien ça, dit-elle.

— Oui, mais n'empêche que vous n'avez jamais fait le moindre effort avec lui et vous n'avez pas remarché comme vous auriez dû.

La vérité, c'est que Marlène n'avait plus envie de marcher. C'était une décision qu'elle avait prise, même si elle ne fut jamais formulée. Toutes mes tentatives pour la contrarier furent vaines. Combien de fois lui ai-je dit :

— Allons dans la salle de séjour...

— Mais pourquoi, on est bien là, non ?

— Mais ça vous fera marcher un peu.

— J'ai toujours détesté l'exercice.

Il n'y avait pas de discussion possible, il fallait se plier à sa volonté. Marlène resta couchée. Peut-être pensait-elle retrouver un jour l'usage de ses jambes. Mais son corps allait la trahir puisqu'elle ne faisait rien pour l'entretenir. Elle était comme un danseur qui cesse de travailler à la barre, et qui ne peut plus danser.

Le plus extraordinaire, c'est qu'elle n'avait rien perdu pour autant de sa vitalité. Je me souviens d'un jour où elle avait accepté que je fasse venir un médecin, un professeur, pour une allergie bénigne. Le médecin me prit en aparté pour me poser quelques questions sur son régime, sur son rythme de vie. Je ne lui cachai rien.

— Eh bien, en ce moment, elle mange beaucoup de foie gras. Elle ne boit plus de champagne, mais elle aime bien le whisky. Et le soir, elle prend des somnifères très forts, fournis sur ordonnance...

Le médecin me regardait en hochant la tête.

— Et elle fait beaucoup d'exercice ?

— Non, elle a horreur de ça.

Il haussa un sourcil.

— Alcool, somnifères plus absence d'exercice... Logiquement, elle devrait exploser. Si ce que vous me dites est vrai, alors il ne me reste plus qu'à retourner à la faculté de médecine : madame Dietrich est en parfaite santé. Elle va tous nous enterrer.

CHAPITRE 7

VIEUX CARTONS
ET PHOTOS-SOUVENIRS

Le propriétaire de la chambre de bonne venait d'en réclamer l'usage. Marlène était dans tous ses états : que faire des trésors entassés dans la caverne d'Ali Baba ?

— Marlène, puisque vous ne voulez plus mettre les pieds dans le salon, pourquoi ne pas y entreposer vos affaires ? Vous économiserez une chambre de bonne.

Il y avait là de quoi satisfaire sa logique : elle se rendit à mes arguments. D'autant qu'il y avait de la place disponible dans le salon depuis qu'elle avait fait envoyer ses deux pianos à New York au moment du fameux litige sur les charges d'habitation, de peur en effet qu'ils ne soient saisis par les huissiers. J'avais d'ailleurs eu à l'époque une pensée émue pour Maria, chargée d'assurer la réception de deux énormes pianos à queue...

Quand je repassai deux jours après ma brillante suggestion, je découvris dans le salon, et depuis l'entrée, un grand amas de cartons recouverts d'une bâche bleue. Les richesses de la caverne d'Ali Baba avaient été transférées.

Je n'ai jamais osé regarder ce que contenaient tous ces cartons. Il devait y avoir des robes signées par les plus grands couturiers, mais aussi des bibelots sans intérêt, et peut-être une cinquantaine de paires de bottes achetées bien des années auparavant chez Vivier...

Marlène n'aurait pas eu non plus l'idée d'aller fouiller dans ces souvenirs. Elle n'avait pas plus le culte des objets que celui du passé. Si elle thésaurisait, ce n'était pas par fétichisme mais par simple sens pratique :

— Ça pourra toujours servir à ma fille...

Les cartons trouvèrent leur place à côté des piles de bouquins, de partitions ou de revues qui encombraient déjà la pièce. Dans une armoire espagnole, aux vantaux ajourés, Marlène avait rangé ses disques. Elle n'y touchait jamais. Parfois, lorsqu'un admirateur lui demandait une référence discographique, elle m'envoyait la chercher dans l'armoire. C'est ainsi que je me suis aperçu qu'il lui manquait la moitié de ses enregistrements. Je devais avoir moi-même une collection plus fournie. A vrai dire, je me suis aussi aperçu que certains disques, petit à petit, disparaissaient... Je n'ai rien dit à Marlène, mais je devine qu'elle n'en aurait pas été bouleversée.

Au-dessus des cartons, sur un mur du salon, Marlène avait accroché tous ses diplômes et ses décorations. Il y avait là aussi quelques photographies « officielles » comme la remise de la Légion d'honneur par Charles de Gaulle, accompagnée d'une lettre manuscrite du général, ou un portrait dédicacé de Kissinger. Cet étalage pouvait surprendre le visiteur. En fait, ce n'était pas de l'ostentation de la part de Marlène. Ces titres de gloire étaient là pour mémoire, parce qu'ils avaient eu de la valeur pour elle... et qu'il fallait bien les mettre quelque part.

Les dernières lettres qu'elle fit encadrer furent probablement celles des Reagan. Elle recevait régulièrement des cartes de Nancy Reagan et des vœux signés du président américain pour son anniversaire et pour le jour de l'an. Elle se doutait que son nom devait tout simplement figurer sur une « mailing list » mais ces lettres lui faisaient néanmoins plaisir, ne serait-ce que parce qu'elles apportaient la preuve que le secrétariat de la Maison Blanche était bien tenu.

L'ancien acteur et ex-gouverneur de Californie avait gardé des liens étroits avec ses camarades de Hollywood. Je sentais que Marlène lui en savait gré, et qu'elle éprouvait même une certaine admiration pour cette carrière extraordinaire. Si j'exprimais ma surprise de voir un « comédien de troisième zone » accéder au poste suprême, elle me répliquait :

— C'est formidable justement, un pays qui peut élire un acteur à sa présidence. Vous, les Français, vous n'auriez jamais pu faire une telle chose.

Comme elle avait raison !

Un jour, je la trouvais encore sous le coup de l'émotion.

— Reagan m'a téléphoné hier soir, me dit-elle.

Lors du sommet de Venise, qui réunissait tous les grands de ce monde, elle avait reçu un coup de fil :

— *Are you Miss Dietrich ? Is this your number ?* Dans cinq minutes, le Président va vous parler...

On avait raccroché et Marlène avait attendu comme une communiante attend le corps du Christ. Puis le téléphone avait sonné de nouveau et une autre voix lui avait dit :

— *You are Miss Dietrich... One moment, please...*

Un grand silence et tout d'un coup la voix du Président des États-Unis avait résonné dans le combiné...

Marlène avait gardé une âme d'enfant face au protocole. Les grands de ce monde étaient à ses yeux investis d'une sorte de grâce divine. Je suis persuadé que Nancy Reagan a fait un bond dans son estime le jour où elle est devenue « la première dame des États-Unis ». Car il fallait être quelqu'un pour exister aux yeux de Marlène.

Elle-même élevée au rang de mythe, Marlène considérait qu'elle pouvait s'adresser de vive voix et d'égal à égal aux plus éminentes personnalités de la planète. Un jour, elle me téléphone pour me dire :

— Monsieur David Niven est en train de mourir, c'est un ami, il a fait tant de choses pendant la guerre...

Leur amitié remontait aux années trente, à la

grande époque du cap d'Antibes où se croisaient Gabin, les Kennedy, l'écrivain Remarque...

— Il va mourir et il n'a même pas été anobli. Il faut faire quelque chose, Louis. Nous allons appeler Elizabeth II. Trouvez-moi son numéro.

Quand on est journaliste, on se débrouille et je parvins à obtenir en un temps record le numéro de la reine d'Angleterre. Marlène l'eut bientôt en ligne. Aussi incroyable que cela puisse paraître, le nom de Marlène Dietrich restait un sésame très efficace.

— Je ferai tout ce qui est en mon pouvoir pour qu'il soit anobli, lui assura la reine Elizabeth.

Malheureusement, David Niven est mort sans connaître cette joie, qu'il aurait due à l'intervention dévouée d'une vieille amie.

En dépit de ses coquetteries, Marlène attachait une grande importance au fait qu'elle soit célèbre dans le monde entier. La reconnaissance internationale était à ses yeux un indiscutable critère de talent.

Son appréciation d'un artiste était bien souvent proportionnelle à sa notoriété. Ainsi, les chanteurs ou acteurs français avaient à ses yeux une faiblesse majeure : ils ne dépassaient guère les frontières de leur pays. Dès lors, rares étaient ceux qui échappaient à son dédain. Elle avait un grand respect pour quelqu'un comme Aznavour, qu'elle considérait comme un excellent auteur et interprète, mais j'ai le sentiment que le fait qu'il soit mondialement connu n'était pas étranger à son admiration. De même, Gérard Depardieu n'acquit pour elle une certaine stature que le jour où il fit la une des magazines américains.

J'aurais eu toutes les peines du monde à lui démontrer les limites d'un tel raisonnement, probablement façonné par une longue fréquentation du box-office hollywoodien. S'il me prenait l'envie de défendre à ses yeux tel acteur ou telle actrice remarquable, mais dont le succès n'avait pas franchi l'Hexagone, elle me reprochait de mélanger les torchons et les serviettes.

— Mais tout de même, Marlène, une actrice comme Delphine Seyrig ! Elle est formidable, non ?

— Qui connaît, mon ange ? Qui connaît ?

Il n'y avait plus rien à ajouter.

La seule Française ayant grâce à ses yeux était Simone Signoret. Elle admirait l'actrice autant que la femme. Ce privilège était-il dû à l'oscar des *Chemins de la haute ville* ?

Marlène supportait mal la contradiction et ce trait de caractère ne fit que se renforcer vers la fin de sa vie. Il était difficile de lui apporter une quelconque opposition car elle voulait toujours avoir raison.

Les conflits naissaient en général d'un détail ou d'une différence de jugement porté sur une personne. Les arguments que je pouvais présenter étaient rejetés sans examen, comme dénués de toute valeur.

— Non, mon ange, non.

Cela était dit d'une voix calme qui signifiait : « Ne discutez pas, je sais mieux que vous. » Dotée d'une intelligence vive et pénétrante, Marlène avait effectivement le don de juger très vite les gens. Si on la trouvait injuste au premier abord, l'expérience prouvait souvent qu'elle avait eu raison.

Ce refus de la contradiction, Marlène l'avait peut-être hérité de sa mère, une femme redoutable, aux opinions bien arrêtées. C'était aussi un privilège de l'âge. Lorsque deux personnes ne sont pas d'accord, on considère que le plus âgé et le plus expérimenté doit être dans le vrai... quand bien même il a tort.

Dans ce genre de situation, la meilleure attitude était encore de lâcher prise et de débarrasser le plancher. En général, dès le matin suivant, il n'y avait plus trace de conflit. Et il ne fallait surtout pas évoquer ce conflit car Marlène feignait d'avoir tout oublié, elle qui possédait une mémoire prodigieuse. Parfois même, elle pouvait adopter le lendemain la position que je défendais la veille, sans bien sûr laisser soupçonner que j'aie pu avoir la moindre influence dans ce retournement de situation.

J'avais cessé de m'en offusquer le jour où j'avais compris que Marlène avait besoin de ce rapport de forces. Elle avait dû être rompue à ce genre d'exercice avec Sternberg. A moins que cela ne fût vraiment dans sa nature. De signe Capricorne, elle n'était pas du tout malheureuse face aux antagonismes ou aux situations un peu ambiguës. Elle pouvait y trouver un tremplin pour exprimer une certaine agressivité naturelle. On sentait d'ailleurs qu'elle était volontiers faiseuse d'embarras, qu'elle était capable de vous chercher des noises à propos d'un détail. Par exemple, si elle estimait qu'une veste ne m'allait pas, elle revenait à la charge pendant trois ou quatre jours, jusqu'à ce que je cède, de guerre lasse :

— C'est bon, je ne la mettrai plus, cette veste.

Elle créait le conflit pour mettre les gens de mauvaise humeur, pour les faire réagir, pour que ça bouge. Avec moi, elle avait fort à faire car je lui opposais mon habituelle décontraction ou bien je prenais carrément la fuite, réponse qui la laissait à court de munitions. Du reste, il fallait qu'à un moment intervienne cette rupture, pour que Marlène prenne conscience d'avoir poussé le bouchon un peu trop loin. Cela se terminait toujours le mieux du monde. C'est d'ailleurs ce qui me fait dire que Marlène ne craignait pas cet échange à fleurets mouchetés. Au contraire, ces joutes verbales la distrayaient.

Mais cela ne se passait pas aussi bien avec tout le monde, et je suis persuadé qu'elle a découragé de la sorte beaucoup de gens *a priori* bienveillants à son égard. Je suis resté le dernier. « Avoir du caractère » est souvent un euphémisme pour « avoir mauvais caractère » et la mauvaise foi affichée par Marlène a dû lasser beaucoup de bonnes volontés. Elle a ainsi créé le vide autour d'elle, d'une façon plus ou moins voulue, chassant ceux que pourtant elle aimait et qui l'aimaient.

***

Le mois de mai était un mois que je voyais venir avec appréhension. Chaque année, je savais que j'aurais droit aux jérémiades de Marlène sur ce pays de tire-au-flanc qui ne pensent qu'à accumuler les jours fériés. Sans compter les ponts. Dès la fin avril, le leitmotiv saisonnier refaisait surface :

— Ah, le mois de mai ! Le 1er Mai, c'est la fête du Travail, et tout le monde arrête de travailler. Puis c'est le 8 Mai. Pourquoi diable commémorer l'armistice, c'est si loin tout ça ! Pourquoi monsieur Mitterrand veut-il célébrer le 8 Mai ?

La France ne travaillait plus et cela compromettait l'organisation de Marlène. Le facteur ne passait plus, les traiteurs baissaient leur rideau, la télévision se contentait de diffuser un programme minimum, les journaux se réduisaient à la portion congrue...

— Louis, il y a encore un pont cette semaine !

— Oui, Marlène, c'est l'Ascension.

— L'Ascension ? Mais tout le monde n'est pas catholique en France ! Alors pourquoi célébrer les fêtes catholiques ?

Le mois de mai, c'était déjà l'annonce des vacances d'été, période qu'elle détestait pour les mêmes raisons. Elle ne comprenait pas que la vie s'arrête au mois d'août, que les magasins ferment, qu'on ne puisse plus rien obtenir.

— Même le pain ! Au mois d'août, il n'y a plus de pain nulle part !

Pour le 1er Mai, Marlène recevait des fleurs adressées par le maire de Paris, Jacques Chirac, comme d'ailleurs à l'occasion de son anniversaire. Elle était sensible à ce genre d'attention, même si les bouquets, souvent, redescendaient dans la loge du concierge. Marlène ne pouvait garder toutes les fleurs qu'on lui envoyait : son appartement aurait eu l'air en permanence d'une chambre mortuaire.

Un jour, je me souviens avoir reçu sur mon répondeur ce message rageur :

— Louis, je sais que vous m'aimez, demain c'est le 1er Mai, alors je vous en supplie, faites-moi plaisir... ne m'envoyez pas de muguet !

***

Couverte de fleurs toute sa vie, Marlène n'a jamais reçu de récompense pour ses films. Jamais un oscar ! Elle en était raisonnablement amère, considérant de toute façon que les dés étaient pipés dès le départ : les grandes productions hollywoodiennes, parce qu'elles engageaient un nombre important d'acteurs, de techniciens et de personnel, avaient forcément plus de chance que les petites de rafler les oscars puisque la décision se faisait à la majorité des votants. Autrement dit, il s'agissait d'une récompense éminemment corporatiste, et par là même entachée de faux.

Avec les films de Sternberg, ou plus tard avec *la Scandaleuse de Berlin*, Marlène Dietrich aurait sans doute mérité l'oscar de la meilleure interprète féminine, mais je crois qu'elle a toujours dérangé et qu'on le lui a fait payer. Dans sa vie privée comme dans sa vie professionnelle, Marlène a souvent été confrontée à la jalousie.

Elle avait fini par en rire :

— Pour avoir l'oscar, la recette est simple : jouez un aveugle, un muet ou un infirme.

C'est Charles Laughton qui lui avait un jour donné ce conseil :

— Il n'y a rien de plus spectaculaire à l'écran

qu'un acteur qui tâtonne et trébuche dans un escalier ou qui fait d'horribles grimaces pour articuler une phrase. Si vous acceptez un rôle dans ce genre, vous avez toutes les chances de décrocher un prix.

Cette vague rancœur n'empêchait pas Marlène de suivre avec avidité, à la télévision, la cérémonie de remise des oscars. Cela lui permettait d'assouvir sa curiosité et d'exercer par la même occasion son sens de l'humour corrosif. Car Marlène regardait ce rituel annuel avec l'œil d'une grande professionnelle du cinéma et de la chanson : le côté technique et coulisses de la cérémonie la passionnait.

La plupart du temps, la remise de la statuette donnait lieu selon elle à des scènes ridicules. Les heureux élus se confondaient en remerciements aussi fastidieux que grotesques et Marlène rêvait d'un acteur qui s'approcherait de la tribune en disant :

— Cet oscar, je ne le dois qu'à moi-même, moi seul le méritais. Vous me l'avez donné, merci et je vous salue bien.

Mieux encore, il s'en irait en abandonnant la précieuse statuette sur le pupitre.

Vers la fin de sa vie, ce que Marlène redoutait le plus, c'était ce qu'elle appelait le *death bed award*, cet oscar du lit de mort ou du pied dans la tombe qu'on décerne aux acteurs pour « l'ensemble de leur œuvre », de préférence un peu avant qu'ils ne passent l'arme à gauche.

— On voudrait faire passer cela pour une récompense suprême alors que c'est une sorte de consolation posthume.

Hollywood avait joué ce sale tour à Gary Cooper. Marlène avait été horrifiée de voir James

Stewart monter sur la scène et se pencher sur le micro pour dire :

— Tiens bon, Gary, on a ton oscar...

Elle savait que cela signifiait que Gary Cooper ne tenait plus la rampe, qu'il était condamné. Effectivement, il est mort moins d'un mois plus tard. John Wayne a connu un sort similaire puisqu'il a obtenu son premier oscar à la fin de sa vie, alors qu'il se remettait difficilement d'un traitement épuisant contre le cancer.

Marlène vivait dans la hantise de ce *death bed award.* L'avenir devait prouver que, d'une certaine façon, elle n'y échapperait pas...

***

Marlène n'a jamais possédé de poste de télévision. Le sien était loué chez Locatel. Elle n'a jamais eu le sens de la propriété, un trait de caractère pour lequel j'avais une certaine admiration. Elle n'avait pas non plus de magnétoscope. Il est vrai qu'elle redoutait tout ce qui était maniement d'appareil. Contrainte et forcée, elle s'était mise doucement à la télécommande mais elle n'avait pas souscrit d'abonnement à Canal Plus parce qu'il fallait un décodeur et que cela figurait pour elle une contrainte.

Elle tempêtait en permanence sur la débilité des programmes, elle trouvait qu'on passait beaucoup trop de vieux films. Alors elle zappait... En bonne professionnelle, elle avait une prédilection pour tout ce qui était plateau, émissions en direct. La télévision, c'était un peu la vie qui entrait chez elle. Elle la regardait sans regrets, comme de l'extérieur mais avec une curiosité de tous les instants.

Si le téléviseur tombait en panne, c'était un petit drame qui devait être corrigé dans la minute qui suivait. Comme pour la photocopieuse. Et il en allait de même pour le téléphone, autre lien essentiel avec le monde du dehors. Marlène qui était la sagesse même devenait alors d'une impatience coléreuse. Mais elle avait l'art de résoudre ce genre de problème en frappant à la bonne porte. En général la mienne. Il m'arrivait parfois de répondre un peu lâchement :

— Mais Marlène, je ne peux pas tout faire !

Elle m'implorait, m'appelait son « sauveur », et je finissais par céder à sa voix enjôleuse.

Lorsque les réparateurs sonnaient à la porte, Marlène se dissimulait sous les couvertures jusqu'à leur départ. Elle ne voulait pas faire d'effort pour eux, mais elle gardait le réflexe de se protéger. Toute intrusion dans son univers était considérée comme suspecte.

Au mois de juin, Marlène vivait à l'heure de Roland-Garros. Elle adorait le tennis, qu'elle avait pratiqué lorsqu'elle habitait Beverly Hills, à Los Angeles. Pendant le tournoi, il ne fallait surtout pas la déranger. Si j'avais le malheur d'appeler, elle me disait :

— Il y a le tennis, mon ange !

Et elle me raccrochait au nez, alors que dans d'autres occasions, elle pouvait me téléphoner vingt fois de suite pour des broutilles. Dès qu'il y avait le moindre problème, elle ne s'en privait pas :

— Ces commentateurs sportifs sont des imbéciles ! Vous qui êtes du métier, vous devriez téléphoner pour dire que c'est insupportable.

— Coupez le son !

— Mais je n'entendrais plus le bruit des balles...

Si je n'étais pas rivé devant mon écran — le tennis me laisse passablement indifférent —, elle s'exclamait :

— Comment ? Vous ne regardez pas le match ?

Selon mon humeur, je répondais « je vais allumer » ou « j'ai autre chose à faire que de regarder deux types courir après une balle jaune ! ».

Marlène s'était prise d'une véritable passion pour Björn Borg.

— Il a des jambes et un corps extraordinaires. Vous savez, on dit que les Suédois sont terribles sur le plan sexuel !

Elle qui n'avait jamais été vraiment portée sur la bagatelle ! En fait, elle était fascinée par Borg comme par tous ceux qui atteignent la plus haute marche dans leur domaine. La paupière mi-close, elle scrutait ses moindres gestes en disant :

— C'est une star, mon ange ! Il est là depuis quatre heures et aucune fatigue ne transparaît sur son visage. C'est un être d'exception.

Elle admirait ce côté tour de force qui n'était pas sans évoquer les marathons qu'elle avait dû accomplir pour satisfaire les exigences de Sternberg :

— Lorsqu'on tournait, j'étais levée à quatre heures du matin et je devais rester dans le même état de fraîcheur jusqu'à onze heures du soir !

Pour réussir ce tour de force, il y avait du métier, de la grâce mais aussi une véritable performance physique qu'elle retrouvait dans les exploits de Borg l'impassible.

***

Depuis qu'elle n'allait plus au restaurant, Marlène avait souvent recours aux services des traiteurs. De temps à autre, il lui arrivait d'avoir une soudaine envie d'huîtres. Elle commandait quatre ou cinq douzaines de belons — difficile de déranger les écaillers pour moins que cela —, se les faisait livrer, en dégustait une ou deux puis m'appelait :

— Mon ange, venez chercher les huîtres, ça ne se conserve pas.

Et je repartais avec un plateau d'huîtres dont je n'avais souvent que faire.

Un jour, elle demande je ne sais quel crustacé rare à son traiteur. Ce n'étaient pas des langoustines, ni des langoustes, mais une espèce entre les deux. Évidemment, on lui a livré des langoustes.

— Non, ce n'est pas cela que je veux. Ils sont plus petits !

Je vais à l'Espace Cardin où je demande à mon ami Jacques Collard de quoi il peut bien s'agir. Jacques trouve tout de suite de quoi Marlène a voulu parler : des ouassous, une sorte d'écrevisse chère aux Antillais. Il lui fait livrer les crustacés de ses rêves.

Marlène le remercia par téléphone : elle s'était régalée. Par la suite, elle en commanda régulièrement. Elle aimait bien les habitudes. Elle appelait Jacques à l'Espace Cardin et il lui faisait apporter le plat de crustacés, tout en respectant la règle du jeu : ne jamais chercher à voir Marlène.

***

Pour tenir au chaud les plats que lui apportaient les traiteurs, Marlène avait mis au point un système qu'elle trouvait très pratique. Sur sa table de chevet, il y avait une très belle lampe en forme de lotus qui avait appartenu autrefois à son mari, peut-être même à l'époque où ils vivaient maritalement dans un petit appartement berlinois. Le pied était en marbre, le lotus en albâtre. Sur le dessus, Marlène avait posé un carton et la chaleur de l'ampoule suffisait à tenir ses petits plats à bonne température. Malheureusement, ce dispositif avait fini par noircir les bords extérieurs de la lampe. Un jour, je dis à Marlène :

— Votre lotus est un peu noir, il faudrait le nettoyer parce que l'albâtre, c'est beaucoup plus joli quand ça brille.

D'autorité, j'emporte la lampe dans la salle de bains, je la passe sous le robinet et j'entreprends de la nettoyer comme on nettoie un vase en verre ou en cristal. Mais voilà que sous mes yeux effarés la lampe se désagrège, l'albâtre se transforme en poussière et me file entre les doigts avant de disparaître dans la cuvette.

J'étais terrifié et en même temps je me sentais pris d'un rire nerveux car cela tenait du gag absurde. Je retournai dans la chambre de Marlène en brandissant un magnifique pied de lampe en marbre.

— Marlène, c'est affreux, vous avez complètement tué votre albâtre en posant ce carton dessus.

— Mais où est ma lampe ?

— Elle n'existe plus, lui dis-je en prenant malgré

moi un air de grand deuil, les yeux fixés sur le bout de mes chaussures. Elle est redevenue poussière.

— Ma lampe réduite en poussière ! Mais c'est impossible !

Je me lançai dans une grande tirade pour lui expliquer de façon quasi scientifique qu'il s'était opéré une espèce de chimie entre l'albâtre, la chaleur de la lampe, le carton et l'eau du lavage.

Mes explications ne parvinrent pas à la consoler. Elle qui ne pleurait jamais se mit à sangloter en répétant :

— Elle appartenait à mon mari, c'était sa lampe...

De mon côté, j'étais partagé entre le tragique et le comique de la situation. Un quart d'heure après, Marlène n'y pensait déjà plus et deux jours plus tard, elle en riait avec moi.

***

Bien qu'alitée, Marlène ne s'était pas départie du souci de paraître, même si peu de personnes pouvaient l'apercevoir. Je ne l'ai jamais vue autrement que belle, adossée contre ses oreillers, vêtue d'une chemise courte en soie rose et par-dessus, dès qu'il faisait frais, d'un petit caraco en laine et soie de chez Dior. Elle était toujours d'une étonnante fraîcheur, son visage avait conservé cette structure de pommettes merveilleuse et cette transparence de peau qui lui donnait tout son éclat. Elle me dit un jour, de sa voix étonnamment jeune :

— Vous le savez, je ne me regarde jamais dans la glace. Mais incidemment, ce matin, j'ai pris mon miroir et j'ai vu que finalement j'avais encore une jolie peau. En revanche, j'ai constaté que mes cheveux sont toujours aussi mauvais.

Toujours cette coquetterie qui semblait ne rien attendre de l'interlocuteur. Elle avait résolu le problème de ses cheveux en les coupant très court. Je crois qu'elle l'avait fait elle-même, puisque le coiffeur ne venait plus. Son sens du raffinement et de l'élégance n'avait pas disparu. Elle ne portait pas de bijoux mais se maquillait de temps en temps, lorsqu'il lui en prenait l'envie, ou lorsque je venais et qu'elle voulait se montrer à son avantage. Quelquefois, en arrivant, je lui disais gentiment :

— Marlène, à force de refuser de consulter votre miroir, vous avez mis votre rouge à lèvres de travers ! Et puis, ne vous fatiguez pas pour moi.

Elle avait voulu et su rester féminine. Jamais je ne l'ai trouvée négligée, jamais je n'ai eu lors de mes visites le sentiment d'une déchéance physique chez cette femme.

— La silhouette, me disait-elle, le secret, c'est ma silhouette.

Même ainsi dans son lit, elle avait en effet une grâce extraordinaire, un maintien toujours digne. Elle savait bien évidemment que son corps n'avait plus vingt ans, mais il n'y avait pas chez elle l'obsession de l'éternelle jeunesse.

***

Comme elle ne se déplaçait plus seule, Marlène avait besoin de quelqu'un pour lui donner son bain. J'ouvrais grand les robinets de la baignoire, puis je

Une visite pendant la pause : Maurice Chevalier... 1935.

Marlène cinéaste... (pendant le tournage de *la Maison des sept péchés*).

La Femme et le pantin (1935).

Marlène,
on mari, sa fille,
t un "ami de la famille",
Maurice Chevalier.

Non, ce n'est
pas un film !
C'est Marlène au front.

Une partie de campagne
pendant le tournage
de *Martin Roumagnac*.

"Sinatra :
le plus doux de tous les
hommes que je connaisse."
Marlène.

"Dur dehors, tendre dedans, facile à aimer." *Marlène.*

17.9.90

12, AVENUE MONTAIGNE
75008 PARIS

Mon cher Ami —
Encore mille Merci
et pardonnez moi, que
j'étais si bavarde!
La cause est la
solitude! Marlène →

"No comment !"

Cher Louis

12. Avenue Montaigne. 8e

S'il vous plait
donnez moi une
liste de ce que je
vous dois. Je ne me
rappelle pas tout Marlene

26.5.88

Louis — alors —
alors — quel
travail hier
soir pour moi!!!
Comment vous
remercier!!!???
Si "METICULOUS"
Unique!!!

Marlène

20.3.84

12. Avenue Montaigne. 8e

Cher Louis —
Je suis consternée,
de votre silence!!
Je me casse la tête!
quelle raison vous avez
pour ne pas repondre
à mes messages au
telephones depuis plus
qu'une semaine!???

Marlène

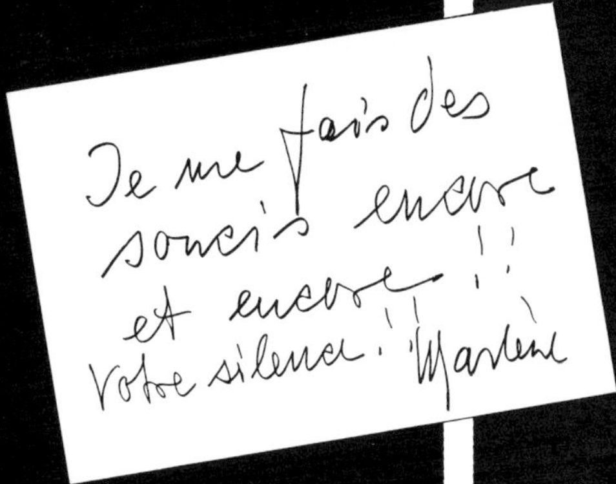
Je me fais des
soucis encore
et encore !!
votre silence !! Marlene

"La" robe... La silhouette !

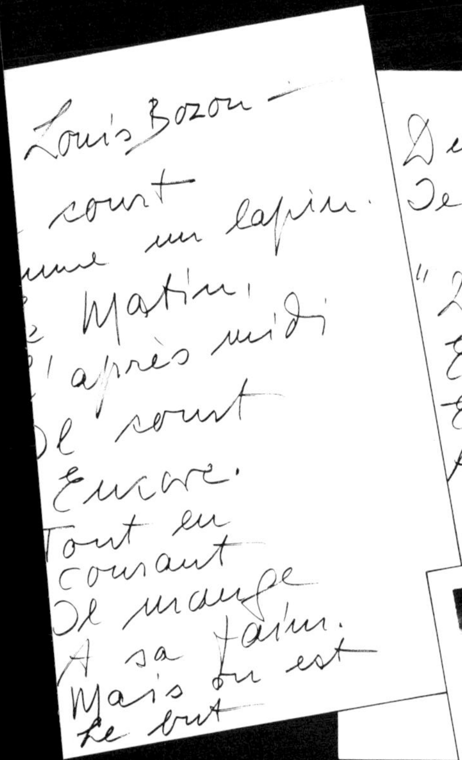
Louis Bozon —
court
mme un lapin.
e Matin,
l'après midi
Il court
Encore.
Tout en
courant
Il mange
A sa faim.
Mais où est
le but

Du pauvre Lapin ?
Je pense vous
repondre
"De Faire Du Bien"
Et encore ....
Entre autre ...
Pauvre Lapin

"L'amitié,
le plus précieux de tous les biens."

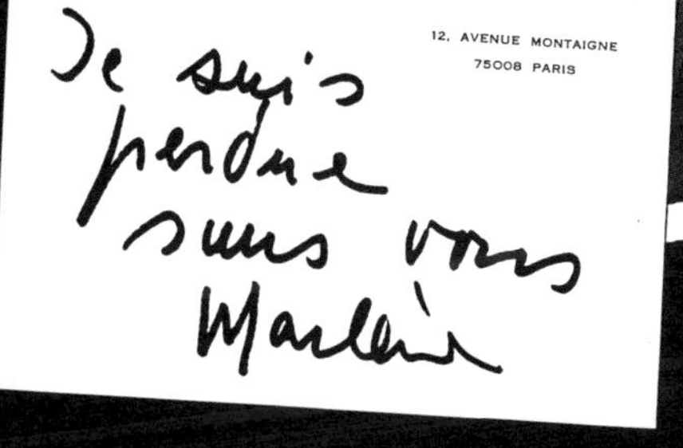
12, AVENUE MONTAIGNE
75008 PARIS

Je suis
perdue
sans vous
Marlène

~~Mon~~ seul enfant – ma fille.

M.D. Elle est le centre de ma vie – elle ne le sait pas, Dieu merci ! ~~est~~ ~~c'est bien comme ça~~ Cela serait ~~C'est~~ un poids trop lourd, un poids que je ne veux pas lui poser. ~~[illegible]~~ ~~consciente~~.

L.B. Expliquez, chère Marlène, car ce que vous venez de dire est ~~difficile~~ un peu vague ~~à comprendre~~.

M.D. L'être aimé à ce point là – n'est pas facile à supporter ou ~~vivre avec~~ vivre avec. Ma fille, Maria, n'a pas eu une vie facile mais elle s'est sortie toute seule ~~toute~~ entière, resplendissante – intelligente comme personne avant elle.

Maria...

revenais dans la chambre. Là, j'écartais ses couvertures, je la prenais dans mes bras pour la déposer sur le fauteuil roulant qui attendait désormais au pied de son lit.

— Vous êtes fort, me disait-elle à l'oreille, je me sens en sécurité avec vous.

Elle semblait me dire aussi qu'il ne pouvait plus être question entre nous de gêne ni de fausse pudeur. En effet, seuls comptaient notre application à ce rituel prosaïque et le plaisir simple qu'il nous donnait. Je lui faisais sa toilette, je lui lavais les cheveux, parfois je les colorais. Lorsque je l'avais sortie du bain, séchée et drapée dans un peignoir, je profitais parfois de l'occasion pour lui dire :

— Allez, on va faire un petit tour dans l'appartement...

Mais elle s'y refusait.

— Non, non, on retourne à la chambre, je suis très bien dans mon lit...

Là, elle se faisait les ongles des mains pendant que je m'occupais des pieds, assis à côté d'elle, l'écoutant parler de choses et d'autres. Comment pourrais-je jamais oublier ces moments de tendre intimité, vécus dans une simplicité magique ?

***

Marlène ne conservait pas à proprement parler d'archives sur sa carrière mais elle avait à sa disposition presque tous les livres publiés sur elle, et notamment les recueils de photographies, accompagnés parfois de textes superbes. Il y en avait dans toutes les langues, le plus souvent offerts par l'éditeur.

Lorsqu'ils étaient bons, Marlène en commandait de nombreux exemplaires qu'elle distribuait ensuite aux gens qu'elle aimait.

Quant aux livres qui lui déplaisaient, comme la biographie de Charles Higham, il valait mieux éviter de lui en parler. Si un malheureux admirateur commettait l'impair de lui en adresser un exemplaire pour dédicace, elle ne le renvoyait pas, se jugeant insultée.

Nous avons passé de longues soirées à feuilleter ensemble ces beaux livres d'images. Moments heureux, douloureux parfois, lorsque la nostalgie s'en mêlait. Assise dans son lit, avec son petit caraco de Dior, elle me commentait les photographies en caressant les pages de ses belles mains aux attaches si fines, se plaignant parfois que les livres étaient trop lourds.

Le plaisir que lui procuraient ces albums ne dépendait pas de leur capacité à faire revivre le passé. Elle savait apprécier la beauté intrinsèque des photographies, elle les regardait comme des tableaux de maître, sans se soucier vraiment du fait qu'elle en était le sujet, sans larmoyer sur sa beauté perdue.

— Quelle lumière ! disait-elle. Quel talent !

Ou bien elle se concentrait sur un détail, comme pour mettre à l'épreuve sa mémoire :

— Ce film, je l'ai tourné en quelle année ? Qui était ce garçon qui jouait le majordome ?

— Je ne sais pas, Marlène, on va regarder dans vos livres.

— Non, non, je vais appeler Londres.

On appelait Londres, la personne ne répondait pas. On appelait New York où elle réveillait son interlocuteur en lui posant les questions les plus saugrenues...

Certains soirs, la contemplation de ses photographies faisait surgir des souvenirs qu'en d'autres occasions je n'aurais jamais pu lui soutirer. Marlène me parlait alors de sa vie passée, de son travail. L'ombre de Sternberg semblait planer au-dessus de nos têtes, tant la fascination qu'il avait ressentie pour son actrice fétiche transparaissait dans chacune des photos extraites de ses films.

Joseph « von » Sternberg est avec Gabin, et sur des plans très différents — presque opposés —, l'homme qui a le plus compté dans la vie de Marlène. Elle lui devait tout :

— Avant lui je n'étais rien, après lui je ne suis plus rien, disait-elle.

Pourtant, elle ne l'a pas aimé. Elle admirait son génie, mais n'éprouvait aucune attirance pour lui. Petit, le physique insignifiant, Sternberg ne lui plaisait pas.

De son côté, il l'aimait passionnément, et ses films furent de véritables actes d'amour, parfois cruels. On a dit que dans *la Femme et le Pantin*, le dernier de ses films, il avait fait un portrait de Marlène futile et sans cœur. En fait, il enterrait définitivement la passion qu'il avait pour elle.

Marlène a plus ou moins profité de l'attachement passionné que lui vouait son Pygmalion.

— Quand je suis arrivée à Hollywood, je l'ai tenu comptable de tout ce qui pouvait se produire.

C'est lui qui m'avait fait venir, il fallait qu'il résolve tous les problèmes que je pouvais rencontrer. Les bonnes choses, j'en jouissais, les mauvaises, je lui en faisais grief.

Ce n'est que bien des années plus tard qu'elle a compris qu'elle était passée à côté d'un homme exceptionnel, qu'elle avait « raté le coche », comme avec Gabin. Après le cycle Marlène, Sternberg n'avait tourné que quelques longs métrages espacés, parfois inachevés, avant d'accepter un poste de professeur d'esthétique du cinéma à l'université de Los Angeles. Il vivait dans une maison modeste et se faisait souvent projeter ses films des années trente, qu'il regardait sans rien dire, en mâchonnant sa pipe. Il mourut en 1969.

Un jour, penchée sur les photographies de son mentor, Marlène m'apparut soudain lointaine, l'esprit absorbé dans ses souvenirs :

— Je n'ai pas compris, laissa-t-elle échapper dans un soupir. Je n'ai pas compris...

***

Marlène me téléphona un matin :

— Louis, je viens d'avoir une idée.

— Oui ? répondis-je, redoutant le pire.

— Louis, je vous dois tant... J'aimerais pouvoir faire quelque chose pour vous. J'ai réfléchi. Je vais vous donner une interview et un jour, plus tard, vous pourrez en faire de l'or...

Pour cette femme qui extériorisait peu ses sentiments, l'argent avait une puissance aussi forte que l'amour. J'appréciais à sa juste valeur ce don qu'elle me faisait. Cette interview, je l'attendais inconsciemment depuis plus de vingt ans. J'étais fou de joie. Je n'avais aucune idée alors des efforts qu'elle allait nous coûter, à elle comme à moi.

CHAPITRE 8

LA CHAMBRE

Avec une organisation de cosmonaute, Marlène avait méticuleusement ordonné l'univers restreint de sa chambre en vue de la meilleure efficacité.

Tout ce dont elle pouvait avoir besoin à n'importe quelle heure de la journée était disposé autour de son lit. Sur sa gauche, du côté fenêtre, se trouvait une grande table en osier blanc sur laquelle elle posait son téléphone, les livres du moment, tous ses dossiers importants, ses documents bancaires, ses enveloppes et sa boîte à timbres. Au pied du lit s'empilaient d'autres dossiers. Pour ceux-là, Marlène se servait d'une grande pince spécialement conçue pour les gens qui ont besoin de saisir des objets placés hors de portée de main.

Également au pied du lit, il y avait la chaise roulante. Au cas où. En fait, les pneus étaient presque toujours à plat et chaque fois que j'allais voir Marlène, je leur donnais un coup de pompe.

— Oh, ne vous fatiguez pas à les regonfler, me disait-elle, ça ne servira à rien. Je la mets là simplement en cas d'incendie.

Elle avait une peur bleue de mourir brûlée vive. Après la perte de sa lampe en albâtre, comme elle refusait toujours d'avoir quelqu'un en permanence dans l'appartement, notamment pour la cuisine, elle s'était acheté un petit réchaud électrique qu'elle avait installé sur une autre table, à droite de son lit. Elle pouvait y faire réchauffer les plats des traiteurs, ceux que lui envoyaient ses amis, ou y préparer elle-même sa nourriture. Un jour — il fallait que cela arrive —, le réchaud tomba et Marlène faillit mettre le feu à l'immeuble. La plaque chaude découpa un grand rond noir dans la moquette mais, heureusement, celle-ci était en laine et ne prit pas feu.

Sur cette longue table de droite, Marlène avait tout un attirail de cuisine, casseroles, couverts, serviettes, sachets de soupe... En dessous, elle glissait sa Thermos d'eau chaude pour le thé, et, pendant une certaine période, ses bouteilles de whisky.

Il y avait aussi une montagne de médicaments de toutes sortes, antibiotiques, pénicilline, vitamines de toutes les couleurs, en comprimés ou en gélules, et des dizaines de paquets de Kleenex...

Ainsi équipée, Marlène pouvait vivre comme elle l'avait toujours souhaité, c'est-à-dire en dépendant le moins possible des autres.

Si elle ne voyait pratiquement plus personne,

Marlène était encore l'objet de nombreuses sollicitations, de la part de ses amis et des journalistes... Elle s'y dérobait en répondant : « Madame Dietrich est à Londres, ou Madame Dietrich est à New York. » Lorsque je lui rapportais qu'on m'avait demandé de ses nouvelles, et qu'on voulait la voir, elle répliquait :

— Dites que je ne suis pas à Paris.

Et j'abusais de ce pieux mensonge qui évidemment ne trompait plus personne depuis longtemps. Le monde entier savait que Marlène Dietrich ne quittait plus sa chambre de l'avenue Montaigne.

— De toute façon, reconnaissait-elle elle-même, je suis infirme.

Elle employait ce mot à dessein, car elle sentait qu'il m'était détestable. Mais lorsque Kirk Douglas, trahissant probablement une communication téléphonique qu'il avait eue avec elle, écrivit dans son livre de souvenirs que Marlène Dietrich était paralysée, elle entra dans une colère noire, considérant qu'il y avait là un cas de *pretium doloris grave* : qu'un hypothétique réalisateur ou producteur vienne à apprendre son invalidité, et il renoncerait à l'engager dans un de ses films. Bien sûr, Marlène protestait pour la forme. Elle avait assez de lucidité pour savoir qu'elle ne retrouverait jamais l'usage de ses jambes.

***

Les dernières années, je pénétrais toujours dans l'appartement par la porte de la cuisine. C'était devenu la seule possibilité d'entrer dans les lieux depuis que Marlène avait fait condamner la porte principale, par hantise de voir des cambrioleurs ou des paparazzi pénétrer chez elle par effraction.

Je traversais les pièces avec l'impression de me trouver dans un appartement dont le propriétaire serait parti en voyage depuis plusieurs mois. Dans le salon, les objets ne changeaient jamais de place — hormis les livres qui s'ajoutaient aux piles existantes et quelques disques qui disparaissaient mystérieusement.

A gauche de l'entrée, j'empruntais le long couloir, sorte de sas qui menait à la chambre. C'est là que, dans cet appartement endormi, s'était réfugiée la vie. Je frappais à la porte d'une main ferme. Marlène avait beau me répéter que cette porte me serait toujours ouverte, j'aimais autant annoncer mon arrivée :

— Marlène, c'est moi, Louis !

— C'est vous ? Entrez, mon ange !

Chaque fois que je venais, je sentais que c'était pour elle un réel bonheur, même s'il n'était pas dans sa nature de me le faire savoir par de grandes effusions. Parfois, elle me reprochait de ne pas venir assez souvent. De mon côté, je prenais soin de me laisser désirer, préférant me faire rare plutôt que de risquer de la lasser. D'autre part, la brièveté de mes visites ou l'espace que je laissais entre elles lui prouvaient que j'avais un emploi du temps chargé, et donc que j'étais un vrai professionnel, chose essentielle à ses yeux.

Nous n'étions jamais à court de conversation. Marlène avait toujours quelque chose à me dire ou à me demander et elle allait droit au fait. Puis elle se laissait aller à quelques digressions, elle enfourchait ses dadas, parfois intéressants, parfois moins. Dans tous les cas, elle parlait avec un art consommé, c'est-à-dire qu'elle ne vous écoutait pratiquement pas. C'était un fabuleux monologue. J'avais beau essayer de glisser çà et là une réflexion, elle faisait la sourde oreille ou me contredisait :

— Non, non, non, non...

Ce qui voulait dire : « Ne cherchez pas, je sais bien ce que je pense, vous avez peut-être raison, mais je m'en moque. » C'était par moment assez fatigant, mais l'homme de micro que je suis savait aussi prendre plaisir à écouter. Car lorsqu'elle était en forme, son sens de l'humour et sa finesse faisaient merveille.

Dès que je mettais un pied dans la pièce, je savais dans quel état d'esprit se trouvait Marlène, je devinais si sa mauvaise humeur était plus feinte que réelle. Celle-ci pouvait s'expliquer par de petites contrariétés : une lettre qui n'arrivait pas, sa fille Maria qu'elle ne pouvait pas joindre, sa femme de chambre qui ne s'était pas acquittée d'une de ses tâches, etc. Dans ce cas il ne fallait pas essayer de l'amadouer — rien de tel pour la mettre en rage —, j'attendais tout bonnement que ça passe. Avec moi, son humeur grincheuse durait rarement très longtemps car je ne lui donnais aucune prise. Lorsqu'elle pestait contre les gens, je me contentais de lui dire :

— Marlène, personne ne peut être parfait ! Ni votre femme de chambre, ni votre secrétaire, ni moi... Cela ne doit pas pour autant gâcher de bons rapports...

Elle savait que j'avais raison et elle laissait

tomber, parfois avec un peu de regret. Mais si sa grogne persistait, je finissais par me lasser :

— Je m'en vais parce que je vois bien que vous n'avez pas tellement envie que je reste.

Cela suffisait à la calmer.

— Mais si, restez, disait-elle. Restez, c'est si long...

Marlène savait se faire pardonner en quelques mots, elle avait l'art de communiquer ses sentiments avec juste ce qu'il fallait de discrétion pour que l'on comprenne sans qu'elle se sentît mise à nu.

Il arrivait aussi qu'elle ne souhaite pas me garder, même si c'est elle qui m'avait prié de venir. J'avais réservé mon après-midi ou ma soirée et je repartais dix minutes après mon arrivée.

— Je n'ai besoin de rien, me disait-elle en me congédiant de la main. Merci, merci...

Ou bien, en comédienne accomplie, elle trouvait tous les prétextes pour écourter ma visite. Mais cela se passait toujours bien, nous nous comprenions à demi-mot, et je respectais le fait qu'elle veuille dissimuler une légère fatigue, ou simplement qu'elle éprouve le désir soudain d'être seule.

***

L'Ange Bleu venait d'être réédité en cassette vidéo par René Chateau, qui eut la gentillesse d'en envoyer une copie à Marlène. De façon concomitante, le film fut rediffusé à la télévision. Marlène m'affirma qu'elle ne l'avait jamais revu depuis sa sortie en 1930 ! Lorqu'il était question entre nous d'un de ses films, Marlène parlait uniquement du tournage, jamais du produit fini, qu'elle connaissait finalement assez mal, en tout cas certainement pas plan par plan, à peine scène par scène. Si je lui disais :

— Je vous ai vue hier soir dans *la Maison des sept péchés*, j'ai beaucoup aimé, c'est bourré d'humour...

... Elle me répondait qu'elle gardait effectivement un bon souvenir de ce tournage. Quant au film lui-même... A Hollywood, elle n'assistait jamais aux « rushes », parce qu'elle se trouvait toujours mauvaise sur l'écran. Elle fuyait par-dessus tout les « previews », ces projections où l'on soumet un film à un public d'anonymes pour tester ses réactions avant l'exploitation en salle. Certaines scènes pouvaient alors être amputées, ou remaniées. Marlène ne connaissait donc pas ses films par cœur, et elle n'avait d'autre occasion de les revoir que lorsqu'ils passaient à la télévision.

Marlène regarda *l'Ange Bleu*. Lorsque le mot « Fin » s'inscrivit sur l'écran, elle eut ce simple commentaire :

— Je n'étais pas si mal que ça, après tout...

La plupart des gens ne connaîtront jamais cette sensation, que j'imagine à la fois fascinante et terrifiante, de se revoir ainsi en train de bouger et de parler à presque soixante ans de distance... Quel insondable vertige devait procurer à Marlène la superposition de la Lola-Lola de *l'Ange Bleu*, la petite actrice berlinoise, et de la vieille dame de l'avenue Montaigne !

Bien que le film ne lui ait pas déplu, Marlène continuait de s'insurger contre cette image de « sex-symbol » qui ne l'avait plus quittée après *l'Ange Bleu*. Pour décrire l'aura de sa personnalité à l'écran, elle préférait le mot « glamour », qu'elle décernait aussi à des actrices comme Mae West ou à Carol Lombard. Elle estimait que leur érotisme était une qualité qui émanait d'elles naturellement, à la différence d'une Marilyn Monroe qui en jouait sciemment et qui seule méritait l'appellation de sex-symbol.

Marlène avait eu toutes les peines du monde à se débarrasser de cette étiquette sexuelle qu'on s'obstinait à lui coller sur le dos. Le film *Angel*, d'Ernst Lubitsch, s'ouvre ainsi sur un panoramique de ses jambes. Elle avait trouvé cela terriblement vulgaire :

— Pourquoi faut-il que ce soit le premier plan ?

Marlène ne parvint jamais à casser cette image, en dépit de ses efforts. De retour à Hollywood après un voyage à Berlin, elle s'était fait photographier avec Maria pour montrer qu'elle était aussi une mère de famille, un geste assez courageux à l'époque où les grandes stars devaient rester idéales et différentes du commun des mortels. Ce coup d'éclat ne suffit pas puisque Marlène resta confinée dans le rôle de séductrice et de femme fatale.

Prise dans un moule dont elle ne pouvait plus sortir, elle décida finalement de s'y conformer. Ce fut particulièrement flagrant lorsqu'elle passa au music-hall, où son récital « exploitait » d'une certaine façon sa réputation. Elle reprenait les chansons de ses films, tandis que sa robe moulante, tissée dans un matériau ultrafin, donnait l'impression qu'elle était nue, et que son frac perpétuait les rumeurs sur son ambivalence...

Mais se voir cataloguée à tort était somme toute secondaire. Le vrai problème pour Marlène — ce fut aussi le cas pour Garbo ou pour Marilyn Monroe — c'était d'être une star. Avec la star disparaît en effet la distinction habituelle entre la personnalité propre de l'actrice et le personnage qu'elle interprète. Les deux sont entrelacés et ne forment plus qu'un. Les studios, relayés par la presse, puis par le public façonnent alors une sorte de chimère hybride dans laquelle l'actrice est peu à peu obligée de se reconnaître. Une étoile est née. Par nature, cette créature mythique échappe complètement au contrôle de l'actrice. Ainsi l'astre ne décide-t-il pas de sa vitesse ni de sa carrière...

Intelligente, indépendante, Marlène ne pouvait que ressentir durement cette dépossession de soi. Forte, volontaire, elle ne pouvait qu'enrager de son impuissance face à cette aliénation. Tous les procès du monde ne pouvaient empêcher qu'on usât arbitrairement de son visage et de sa silhouette, qu'on lui prêtât des propos qu'elle n'avait jamais prononcés, qu'on fît circuler sur son compte des mensonges qui se répétaient de biographie en biographie. Marlène ne pouvait plus corriger le portrait que lui renvoyait l'écran.

Voilà pourquoi, encore une fois, on commet un contresens absurde en prétendant que Marlène s'est enfermée pour protéger sa légende. Ce qu'elle protégeait c'était le contraire, c'était sa vie privée, c'est-à-dire son être propre. Elle avait compris qu'elle ne serait elle-même que dans la solitude, une solitude qu'elle n'aimait pas, mais qui lui était apparue comme le seul moyen de s'appartenir encore.

***

Marlène considérait que la profession d'acteur n'était « pas digne d'un homme ». Cette existence de faux-semblant et de duperie ne convenait selon elle qu'aux grands talents, à ceux qui subliment les artifices de leur profession. Il fallait avoir la « grâce », qualité qu'elle n'accordait qu'aux « génies » et que, sans le dire vraiment, elle pensait avoir eue.

Elle admirait Gabin parce qu'il avait tout à fait conscience de ce péril que courait l'acteur de s'avilir. Spencer Tracy ou Richard Burton étaient aussi des exceptions. Marlène révérait Burton, par exemple, parce qu'il n'avait jamais fait de publicité. Un comédien qui fait de la publicité, c'était le plus dégradant des crimes selon elle. Comment un acteur en permanence menacé par cette dépossession de soi peut-il s'abaisser à vendre lui-même son image, de son propre chef ? Laurence Olivier avait perdu beaucoup de son estime le jour où elle avait appris qu'il s'était ainsi fourvoyé.

Pour une femme aussi logique et lucide que Marlène, la « grâce » qui distinguait les stars avait toutefois un inconvénient majeur : elle relevait de l'inexplicable, de l'irrationnel. Par réaction, elle insistait constamment sur le professionnalisme. Car sans ce travail constant et concret la gloire reposerait sur du vent, sur ce « je ne sais quoi » insaisissable et donc entaché à ses yeux de futilité. J'ai toujours eu le sentiment que le cinéma était pour Marlène au mieux un élégant mirage, au pire une vaine frivolité. En conséquence, il était bon d'afficher à son égard une certaine distance. A l'écran comme dans la vie, Marlène avait toujours l'air de dire :

— Je ne prends pas mes films au sérieux, faites-en autant...

En même temps, paradoxe dans lequel elle se débattait en permanence, elle ne pouvait que s'enorgueillir de posséder elle aussi cette grâce qui l'élevait au-dessus du lot, cette magie qui faisait de Marlène Dietrich plus qu'une actrice, un mythe universel.

***

Louis Bozon : *Dites-moi quels sont les acteurs qui, selon vous, font des miracles ?*

Marlène Dietrich : *Richard Burton, Paul Scofield, Ralph Richardson, John Gielgud, Robert Redford. Les autres sont de bons comédiens, mais pas de miracles.*

Raimu : tragédien et comédien, pour moi le plus grand. La scène dans la huche de la Femme et le Boulanger *est un trésor dans l'art d'exprimer des émotions opposées en quelques courtes minutes.*

Gérard Philipe : l'acteur parfait, physiquement et moralement, la personnification du romantisme. Je l'ai vu dans Caligula *de Camus, quand il venait juste de débuter.*

Jouvet : un acteur, un grand metteur en scène. On décrit mieux son approche des acteurs en citant l'une de ses anecdotes. Un acteur lui demandait : « Monsieur Jouvet, qu'est-ce que je dois ressentir quand je déclare mon amour à la fille dans la prochaine scène ? » Jouvet répondit : « Ne ressentez rien, mon garçon, jouez, jouez ! » Personne n'a fait battre les cœurs de cette façon-là, de nos jours. Tempi passati.

L.B. : *Et les acteurs américains ?*

M.D. : *Le seul grand acteur américain avec lequel j'ai eu l'honneur de travailler à été Spencer Tracy. J'étais presque paralysée de peur le premier jour, quand on filmait une de nos scènes pour* Jugement à Nuremberg. *Il le savait naturellement et il était gentil, comme il est gentil avec les enfants, par gentillesse généralisée, pas nécessairement par sentiment. Suprême acteur, il était le plus grand, le roi, sans même bouger un doigt ou dire un mot. Il dominait tout le plateau et même nous, les acteurs. Il avait un petit air malicieux en donnant les ordres, sachant fort bien que tout le monde l'adorait.*

⁂

Il y avait peu de souvenirs sur les murs de la chambre de Marlène. A moins de considérer ces amas de dossiers comme une trace de l'accumulation des ans... Au-dessus de la télévision, face au lit : une photo de Maria et une autre de son petit-fils Michael.

Le reste était relégué dans le salon, qui devenait un peu le musée de Marlène.

Sur le rebord de sa table en osier blanc, elle posait ses pense-bêtes, des petits papiers collés sur lesquels elle écrivait les numéros de téléphone de chacun. Celui de sa collaboratrice, de son agent aux États-Unis, de son agent à Londres, celui de l'hôtel où elle pouvait joindre sa fille lorsque celle-ci était en voyage... Le mien, depuis le temps, elle le connaissait par cœur.

Marlène téléphonait énormément, et ses factures étaient impressionnantes.

— C'est mon seul luxe, disait-elle avec quelque justesse.

Elle avait un rapport presque affectif avec le téléphone qui lui avait permis au fil des ans de nouer des liens très étroits avec ses correspondants, liens peut-être plus forts depuis sa réclusion. Elle comptait à Hambourg et à Londres des admirateurs fidèles qu'elle n'avait jamais vus mais avec qui elle s'entretenait régulièrement. Parfois, ces conversations à l'aveugle m'inquiétaient, je craignais toujours qu'elles ne resurgissent dans la presse, livrées par un interlocuteur indélicat. L'avenir allait me donner raison.

Si le téléphone sonnait quand j'étais dans sa chambre, Marlène répondait :

— Rappelez-moi plus tard, je suis avec un ami.

Ou bien elle prenait l'appel et moi je m'éclipsais sans rien dire, avec cette facilité que donnent la complicité et le désir de ne pas gêner le confort de l'autre. Le lendemain, elle me disait :

— Pourquoi êtes-vous parti si vite ?

Lien avec le monde, le téléphone était aussi bien sûr un bon moyen de tuer le temps. Lorsqu'elle m'appelait certains soirs, je sentais qu'elle ne lâcherait plus le combiné et que la discussion pouvait durer des heures. Pour une femme de son tempérament, les journées devaient quand même sembler longues et Marlène souffrait forcément de son inactivité.

Elle parvenait encore à faire la cuisine. Je l'ai vue un jour me préparer une salade d'endives, assise dans son lit, le saladier contre sa hanche. Elle tenait à ce que j'emporte cette salade chez moi. Ou bien elle écossait les haricots. Jamais elle ne se plaignait, mais parfois elle soupirait et l'on sentait que c'était un cri du cœur :

— C'était si bien quand on travaillait...

Elle parlait souvent d'elle, ainsi, à la troisième personne, sans que je puisse saisir la nuance exacte de ce « on » indéterminé. Modestie ou orgueil ? S'associait-elle à une équipe ou, plus vraisemblablement, parlait-elle au nom de cette créature ambiguë qui unissait la femme Marlène à la star Dietrich ?

Quoi qu'il en soit, on devinait dans cet aveu furtif — « c'était si bien quand on travaillait » —, tout le poids de la solitude et toute la nostalgie d'une liberté disparue.

***

Au lendemain d'une très longue conversation téléphonique avec Marlène, je reçus ce petit message d'elle, écrit sur une carte de visite bleue :

Mon cher ami,

Encore mille mercis et pardonnez-moi, j'ai été si bavarde ! La cause est la solitude.

Marlène.

Au verso, elle avait ajouté ces quelques mots :

Si vous veniez plus souvent, je ne le ferais pas.

***

Marlène était très fière de ses décorations, de la Légion d'honneur offerte par de Gaulle puis par Pompidou. Pourtant, quand elle voyait paraître chaque année la liste des nouveaux décorés, elle se demandait si ces médailles étaient aussi honorifiques qu'elle l'avait pensé.

— Tous ces gens... Qu'on me donne la Légion d'honneur à moi, oui, peut-être, mais à tous ces gens...

Pour monter dans l'ordre de la Légion, elle avait adressé à Jacques Chirac une demande d'accession au titre de commandeur. Le maire de Paris lui avait fait répondre qu'elle était de nationalité américaine et que par conséquent sa candidature devait passer par la filière des Affaires étrangères. En fait la procédure fut accélérée et c'est Jack Lang qui lui décerna la croix de commandeur au titre des « arts et lettres ».

Comme Marlène ne se déplaçait plus, le ministre de la Culture lui fit parvenir son certificat à domicile.

Mais sans la médaille, qu'il fallait acheter. Ce que Marlène se refusait à comprendre :

— Alors : soi-disant on me remet une médaille mais il faut quand même que je débourse pour l'avoir ?

— C'est la tradition, Marlène. On vous confère un honneur, mais vous devez acheter la médaille chez Arthus Bertrand...

Il y avait plus grave à ses yeux. Jack Lang avait commis l'erreur, involontaire, d'établir le certificat au nom de Marie-Madeleine von Losch *dite* Marlène Dietrich.

— Renvoyez-moi ça ! s'était exclamée Marlène, ulcérée. Ces gens ne sont même pas capables de se renseigner sur mon vrai nom !

Je dus rédiger une lettre au ministre de la Culture : « Madame Dietrich s'appelle bel et bien Dietrich et ne s'est jamais appelée von Losch. » C'était une de ces erreurs sans cesse véhiculées par ses biographies. Sa mère s'était en effet mariée en secondes noces avec un certain von Losch, qui était le beau-père de Marlène, et dont celle-ci n'a jamais porté le nom. Elle était très pointilleuse sur ce point. Sans doute parce que cette confusion était en quelque sorte l'illustration de l'aliénation imposée par le « star-system » : tout se passait en effet comme si la presse et le public ne pouvaient plus croire que la figure mythique, l'incarnation suprême de l'artifice et de la composition, s'appelait *réellement*, de son nom de baptême, Marlène Dietrich.

En revanche, Marlène insistait pour situer sa date de naissance en 1904 alors que tout indique qu'elle est née en 1901. Elle était fière de me montrer que sur son passeport figurait la date de 1904. Cela faisait partie de ses petites coquetteries. Je n'allais pas jouer les goujats pour trois malheureuses années... De toute façon, on l'a vu, Marlène était fâchée avec les dates et avait horreur des anniversaires. Jamais nous ne fêtions les siens.

— Ces jours-là, il n'y a pas de quoi être gaie, on a plutôt lieu d'être triste, alors oublions cela.

En 1991, pour ses quatre-vingt-dix ans, elle avait reçu des hommages venus des chefs d'État et de ses admirateurs du monde entier. Elle était bien sûr flattée par ce geste mais dans l'ensemble, elle trouvait ce rituel parfaitement ennuyeux.

— Qui plus est, ce n'est même pas mes quatre-vingt-dix ans. Je n'en ai que quatre-vingt-sept...

Volonté de rétablir la vérité sur son nom d'un côté, obstination à tricher sur sa date de naissance de l'autre... Décidément, on retrouve toujours chez Marlène cet éternel mouvement de balancier entre la construction de sa légende et sa contestation.

***

Pour occuper ses dimanches, jours haïs de la semaine parce que si désespérément mornes — aucun bruit dehors, le téléphone qui ne sonne ni ne répond —, Marlène regardait la télévision. L'après-midi, elle suivait les émissions de Jacques Martin pour qui elle avait une certaine affection, même si elle lui trouvait au moins un tort :

— Pourquoi s'obstine-t-il à chanter, cet homme-là ?

— Parce que ça lui fait plaisir, Marlène.

— Il est bien le seul...

Elle m'avait demandé son numéro de téléphone, et ils s'appelaient de temps en temps. Elle lui écrivait : une vraie tendresse était née entre eux. Jacques Martin devait s'en souvenir lors de l'enterrement de Marlène, où je l'ai vu sincèrement ému.

Elle adorait son émission avec les enfants, qui la faisait beaucoup rire, mais elle suivait aussi les jeux, où les candidats se voyaient proposer un voyage autour du monde.

— J'ai une excellente question, me dit-elle un jour. Quel est le compositeur de la chanson *Cherche la rose*, interprétée par Marlène Dietrich ? S'agit-il de Gilbert Bécaud, de Charles Aznavour ou de Henri Salvador ? Tout le monde dira Bécaud alors qu'elle est de Salvador ! C'est une bonne question, non ?

Lorsqu'elle trouvait une énigme de ce genre, elle me l'inscrivait sur un morceau de papier et me demandait de l'envoyer à Jacques Martin. J'avoue franchement que je ne le faisais pas. En revanche, je continuais de m'acquitter sans sourciller de ses innombrables demandes de renseignements les plus divers :

— J'ai vu tel chanteur hier à la télévision. Je veux savoir qui écrit ses musiques.

Il y avait aussi Mireille Mathieu. Qui la maquillait ? Je veux le nom de la maquilleuse de Mireille Mathieu !

Une fois qu'elle avait les réponses, on n'y pensait plus. S'il m'arrivait de lui demander ce qu'elle voulait en faire, elle se contentait de me répondre :

— Ça peut toujours servir, mon ange !

Heureusement, à mon arrivée, elle éteignait son

poste. Un soir pourtant, elle insista pour regarder la retransmission d'un concert de Madonna. Ayant lu d'innombrables articles sur la chanteuse, elle avait un *a priori* défavorable : elle trouvait monstrueux de jeter sa petite culotte au public. Mais Madonna représentait un phénomène que sa curiosité professionnelle se devait d'étudier.

Le spectacle l'enchanta :

— Je retire tout ce que j'ai dit, cette Madonna est étonnante. Voilà qui s'appelle tenir une scène ! C'est une véritable performance sportive. « On » n'aurait pas pu faire ça. Chapeau, Madonna est une grande !

De mon côté, j'étais heureux de voir la passion qui animait le visage de Marlène, heureux de voir aussi que cette femme qui se montrait à l'occasion d'une mauvaise foi à faire frémir était également capable de reconnaître ses erreurs de jugement.

***

Nous avons commencé à travailler sur cette interview qu'elle m'avait promise. En homme de radio, je comptais beaucoup sur le côté « direct », sur cette émulation qui peut se produire lorsqu'on branche le micro et qui permet de se laisser guider par la conversation.

C'était absolument hors de question. Marlène n'appartenait pas à l'école de l'improvisation. Elle avait pourtant déjà fait de la radio, notamment sous la direction d'Orson Welles, ce qui n'était pas rien. Mais elle prétendait qu'elle y avait été très mauvaise, ou qu'elle y avait appris justement la nécessité d'un support écrit. Selon elle, une interview devait se préparer au millimètre. Elle voulut donc la rédiger in extenso, de sa main.

— Donnez-moi vos questions, et j'y répondrai.

Je lui envoyai donc une liste fournie. La réponse ne tarda pas :

— Ça ne m'intéresse absolument pas. On m'a déjà posé ces questions des centaines de fois.

Je lui en envoyai d'autres. Le lendemain, elle les avait raturées, éliminées. On repartait de zéro. J'ai bien cru que je n'y arriverais jamais. Le texte à peine ébauché faisait indéfiniment la navette entre nous.

Marlène était extrêmement attentive à l'image qu'elle allait donner dans cette interview, elle ne voulait pas que je tombe dans les pièges ou les facilités dans lesquels s'étaient complu d'autres journalistes.

— *L'Ange Bleu*, on en a déjà tellement parlé ! se récriait-elle en découvrant mon dernier questionnaire en date.

— Mais Marlène, on ne peut pas faire autrement !

— Que pourrais-je vous dire ? Personne n'en a mieux parlé que monsieur Sternberg.

Elle avait donc trouvé l'astuce de copier des extraits du livre de Sternberg, *Souvenirs d'un montreur d'ombre*, que nous lisions à deux voix. C'était le seul moyen de la contraindre à aborder le sujet. En revanche, elle a parlé volontiers de son enfance, des gens qu'elle a aimés, de la France même...

— Louis, tout le monde sait que j'adore la France ! Je ne vais pas le répéter...

La rédaction de l'interview fut longue et pénible. C'était une suite de papiers déchirés, réécrits, dont je ne cessais de modifier le montage. Souvent, en relisant sa réponse, Marlène n'était plus satisfaite :

— Ce n'est pas très bon, ce que je vous ai dit là.

Et elle récrivait cinq pages pour n'en garder qu'une. Lorsque je lui lisais cette page à haute voix, elle s'écriait :

— Mais ça n'intéressera personne ! Pourquoi est-ce que je fais ça ? Ça m'embête de parler de mon passé.

Et elle déchirait la page. C'était fini pour ce jour-là, elle était fatiguée, il fallait attendre le lendemain pour remettre sur le métier l'ouvrage.

***

Moi qui m'emporte volontiers, il m'a fallu beaucoup de diplomatie et de patience pour supporter ces fréquents revirements et ces sautes d'humeur. Deux ou trois fois pourtant, il m'est arrivé de claquer la porte. Nous restions fâchés pendant quelques jours, comme cela arrive chez un vieux couple de plus de vingt-cinq ans. Je me souviens que, dans ces cas-là, ma première réaction était : qui allait mouiller son whisky pendant mon absence ? N'allait-elle pas s'apercevoir de mes manipulations ?

Je n'ai jamais su si elle s'était rendu compte de mes interventions « antialcooliques ». En revanche, je me souviens qu'à un moment donné, les bouteilles se sont vidées plus lentement. J'avais moins souvent besoin de me livrer à mes trafics en catimini.

Un beau jour, Marlène me tendit une bouteille presque pleine et me dit :

— Louis, emmenez cela, je n'en ai plus envie. Je préfère boire du thé.

Trop heureux, je fis disparaître le whisky sans poser de questions inutiles. J'ignore ce qui s'était passé. Peut-être avait-elle fini par avoir des réveils difficiles à force de mélanger alcool et somnifères. Peut-être a-t-elle compris que ce régime lui minait la santé et l'esprit, et qu'il était temps d'y mettre le holà. A partir de ce jour, elle se mit à l'eau ou au thé. Toutes les dernières années furent libres de tout souci de ce côté-là.

De temps en temps, toutefois, elle buvait un peu de vin. En quantité raisonnable. Un jour pourtant, j'arrivai après son dîner et je la trouvai le visage en feu.

— Marlène, qu'est-ce que vous avez fait ? Vous avez rebranché votre lampe solaire ?

— Non, j'ai bu du vin rouge. Il paraît que c'est excellent pour le cholestérol !

— Mais alors c'est à titre préventif, parce que vous n'avez jamais eu de problème de cholestérol...

— A titre préventif, oui, dit-elle en souriant. Pour rester en forme...

Au fond, je n'avais pas besoin de lui demander pourquoi elle avait soudain tiré un trait sur le whisky. La réponse me crevait les yeux. Marlène aimait fabuleusement la vie. Comment peut-on imaginer qu'elle ait pu survivre si longtemps dans la solitude, si elle n'avait pas eu cette envie incoercible de continuer, cet appétit féroce d'existence ?

***

— Dieu n'existe pas, n'est-ce pas, Louis ? Dites-moi que j'ai raison !

Cette question, elle l'a posée souvent, notamment à Alain Bosquet.

Bien que d'éducation protestante, Marlène ne croyait pas en Dieu, et lançait à l'occasion des plaisanteries de potache mécréant.

— Si on va tous au paradis, il doit y en avoir du monde là-haut !

Elle était plus que sceptique, elle affichait clairement son athéisme :

— Ne me dites pas qu'il y a un Dieu... Nous disparaissons tous un jour et c'est aussi bien ainsi. L'essentiel, c'est d'avoir fait son devoir pendant son passage sur terre.

« Faire son devoir »... Des mots qui revenaient souvent dans sa bouche. Une expression que certains trouveront un peu désuète mais qui lui a servi de ligne de conduite jusqu'au bout.

Au fond, depuis sa quête effrénée d'un cimetière, sa mort ne la tracassait pas. Elle l'attendait avec un certain fatalisme. Mais ce qui l'inquiétait, c'était l'organisation matérielle de la suite :

— Moins on parlera de ma mort, mieux ça sera. Mais ça va être terrible pour ma fille ! Comment va-t-elle faire pour venir de New York, pour échapper aux meutes de photographes ? Et puis il va falloir tout vider ici, tous ces livres, tous ces papiers...

Surtout, Marlène savait qu'on allait s'attacher à exploiter sa mémoire, et que sa fille Maria risquait de s'épuiser à démentir toutes les contrevérités publiées sur sa mère à l'occasion de sa mort.

Marlène avait poussé un hurlement en découvrant, en première page de *France-Soir*, Grace de Monaco dans son cercueil, habillée en mariée. C'était pour elle le comble de l'ignominie et du ridicule.

— Mon Dieu, j'espère qu'*ils* ne me feront pas ça.

CHAPITRE 9

LA GLOIRE COMME FARDEAU

Grâce à un astucieux système de cordons, Marlène pouvait ouvrir ou fermer la fenêtre de sa chambre sans déranger personne. Quand il y avait trop de bruit dehors, lorsqu'elle manquait d'air, il lui suffisait de tirer sur ces courroies, depuis son lit.

Le paravent que je lui avais acheté après le raid des photographes japonais avait heureusement pu être replié et remisé contre un mur. Mais Marlène semblait peu intéressée par ce qui se passait dans la rue.

— Quand on a vu une chose une fois... me disait-elle sur un ton blasé qui n'était peut-être qu'à demi sincère.

Au pied de son lit, près de la porte, il y avait un fauteuil dans lequel prenaient place la secrétaire ou le rare visiteur, et une table de bridge sur laquelle

Marlène déposait à l'aide de sa longue pince le courrier à taper ou à poster. Il y avait une petite lampe ronde qu'on allumait en entrant et qu'on éteignait en repartant, et ce cercle de lumière décrit sur le tapis vert de la table de bridge signalait que Marlène avait de la compagnie.

Très souvent, elle m'invitait à venir m'asseoir plus près d'elle, sur le bord de son lit. Je crois que j'étais le seul à avoir ce privilège. Je le dis avec un mélange de tendresse et de tristesse car j'aurais évidemment aimé la voir plus entourée ou la voir ailleurs, dans son salon ou sa cuisine, et ingambe. Mais c'était ainsi... Le bord de son lit était réservé à ceux qu'elle aimait, mais il n'y avait plus guère que moi qu'elle laissait approcher. J'étais le dernier élu. Une position parfois dure à vivre car il y avait des moments où, malgré toute ma bonne volonté, je sentais que je ne pouvais répondre à toutes ses attentes — affectives, intellectuelles, récréatives. Il m'arrivait parfois de regretter que nos conversations ne se fassent pas à trois ou quatre, ce qui aurait facilité ma tâche et augmenté le plaisir de Marlène. Mais il n'en était pas question.

— Vous partez déjà, me disait-elle quand je faisais mine de me lever.

Et ce « déjà » correspondait à quatre heures de compagnie, quatre heures passées avec quelqu'un pour qui vous représentez l'univers.

— Venez le dimanche, je suis si seule, c'est si long le dimanche...

Je ne le faisais pas toujours. Son avocat, lui, lui rendait visite de temps en temps. Sa secrétaire lui était très dévouée, mais Marlène n'a jamais eu pour elle les élans de tendresse qu'elle pouvait avoir à mon égard. Ces « élans » étaient d'ailleurs pleins de retenue : il ne faut pas l'imaginer se jetant éperdument dans mes bras. Elle me tendait ses mains si fines, me prenait le bras et le caressait en disant :

— Ah, vous êtes si bien avec moi !

Elle n'aurait pas dit « je suis si bien avec vous » — ç'aurait été avouer une faiblesse, une dépendance —, mais ces quelques mots avaient un tel poids d'affection !

***

Jusqu'au bout, Marlène fit preuve d'une force de caractère exceptionnelle, peut-être même d'une grande sagesse. Comment sinon aurait-elle supporté ces années de solitude ? Car ma présence ou celle de sa secrétaire ne doivent pas faire oublier que la majeure partie du temps, Marlène était seule. Elle aurait pu s'offrir les services d'une dame de compagnie ou d'une infirmière à demeure, mais cette forme de protection était aussi une contrainte, ce que Marlène refusait viscéralement.

Avec Norma, avec maître Kam ou avec moi, c'étaient des moments de travail ou de conversation, il y avait un échange. Mais lorsque tout le monde s'en allait, ou quand elle se réveillait la nuit, Marlène restait face à elle-même et à ses souvenirs...

Il faut une trempe d'acier pour rester enfermée ainsi après avoir connu une vie comme la sienne. Après mes visites avenue Montaigne, lorsque je rejoignais le flot des gens « normaux », dans la rue, au travail, je ne pouvais m'empêcher de penser à elle : dans la solitude, même si elle n'était pas tournée vers le passé, ce passé devait s'imposer à son esprit, et elle vivait probablement des moments d'intense souffrance. Bien sûr, elle n'évoquait jamais ces instants difficiles, par pudeur, par volonté et parce que cela relevait de l'indicible.

Peut-être essayait-elle de les tromper en appelant sa fille ou ses amis. Mais il y avait un problème de décalage horaire et elle ne pouvait pas toujours leur parler au moment où elle en avait le plus besoin.

Aussi Marlène dut-elle confier beaucoup de pensées à son Journal. Car contrairement à ce qu'elle affirme dans son livre, elle tenait bel et bien un Journal qu'elle destinait à sa fille. Chaque jour, elle consignait son emploi du temps ou notait des réflexions inspirées par ses lectures.

Tous ces carnets sont aujourd'hui entre les mains de Maria, à l'exception d'un ou deux qui ont malheureusement été volés. Peut-être Maria décidera-t-elle de les publier un jour. Elle connaît mieux que personne les pensées qui animaient sa mère pendant ses heures solitaires. Elle en sait certainement plus que moi, qui avais appris à ne pas poser de questions personnelles. Mais il y avait beaucoup de choses que je devinais, ou que Marlène laissait échapper à l'occasion. Par exemple, ce « comme c'était bien quand on travaillait... ».

— Comme on a été heureuse ! On ne s'en est pas rendu compte, mais on était heureux. Je mettais ma robe, je chantais. Je répétais, et à onze heures j'avais fini. Je pouvais aller dîner ou me coucher. C'était formidable. On n'a peut-être pas assez apprécié...

Son Journal, je ne le voyais pas. Je sais qu'elle y notait ma visite, ce que j'avais fait, ou ce que je n'avais pas fait peut-être, tout cela en style télégraphique. Il devait y avoir aussi des pensées tristes, heureuses ou perfides que moi, tout ami très cher que j'étais, je n'ai pas connues.

***

— Allô, Louis, quand venez-vous ? Pourquoi pas ce dimanche ? Il faudrait travailler sur cette interview...

Ainsi présentée, l'invitation ne pouvait guère se refuser et je bloquais mon week-end. Parfois, quand j'arrivais, Marlène me regardait, presque surprise :

— Ah non, je n'ai plus envie aujourd'hui...

Ce qui, on s'en doute, ne me transportait pas de joie. Au total, il aura fallu un an pour écrire l'interview. Douze mois à peaufiner, à défaire et à refaire ce puzzle infernal.

Lorsque mes questions étaient enfin adoptées, elle rédigeait une réponse qu'elle me soumettait.

— Voilà, vous pouvez faire taper.

Souvent, la réponse était lapidaire.

— Cela vous apprendra, me disait-elle. Vous ne devez jamais poser de questions auxquelles on peut répondre par oui ou par non.

— Vous pourriez quand même développer un peu...

Elle se remettait à l'ouvrage. Nos séances de travail commençaient vers trois heures de l'après-midi et pouvaient se terminer vers huit heures du soir. En cinq heures, nous mettions au point tout au plus deux ou trois questions. Marlène pesait ses mots, ne s'estimait jamais satisfaite. Quand j'y repense aujourd'hui, je regrette de n'avoir pas enregistré ces séances de préparation : car c'est là que s'exprimaient le mieux l'esprit de Marlène, ses doutes, son humour ou ses colères. A dire vrai, c'était une permanente contestation :

— Je refuse de répondre encore une fois à cette question. On sait tout ça, j'en ai longuement parlé dans mon livre.

— Mais je veux vous l'entendre dire, Marlène. Il y aura votre voix, votre présence...

En fait, je me rendais compte peu à peu que ce travail d'élaboration était pour elle un moyen fabuleux de passer le temps, et de le passer agréablement, puisque l'effort intellectuel lui procurait du plaisir et qu'elle se trouvait en compagnie d'un ami. Nous étions comme deux étudiants en train de bûcher sur une thèse, travaillant et nous amusant de concert.

Pourtant, je savais que je ne devais pas sortir d'un certain cadre. Il y avait des sujets qu'il ne fallait pas aborder...

— Marlène, il va bien falloir parler un peu de Hollywood...

J'aurais mieux fait de me taire ! Ce mot fatidique me valut une volée de bois vert, un éclat de colère comme jamais je n'en avais connu chez Marlène.

— Hollywood, je m'en contrefiche ! Hollywood, ça n'existe pas ! D'abord, je n'habitais pas Hollywood, mais à Beverly Hills. Je hais Hollywood !

J'avais mis le pied sur un terrain miné. Elle tempêtait, s'en prenait à moi, et je compris qu'il ne me restait plus qu'à vider les lieux. Ce que je fis donc, furieux à mon tour, bien décidé à ne pas rappeler Marlène avant quelque temps.

Plusieurs fois, face à sa mauvaise disposition, j'avais appliqué ce que je considérais comme la meilleure méthode : la fuite. Quand un climat cesse d'être favorable, il ne faut ni s'obstiner ni se haïr, il faut prendre le large. Lorsque j'estimais faire injustement les frais de son mauvais caractère, je disparaissais. Je ne téléphonais plus. Parfois je lui envoyais une lettre pour lui exposer mes griefs. Je n'agissais pas ainsi par esprit rancunier mais par une sorte de besoin de souffler un peu, de m'oxygéner. La chambre du 12, avenue Montaigne pouvait être étouffante.

Mon répondeur ne tardait pas à être assailli de messages de Marlène, mais je continuais à faire la sourde oreille ou bien je prétextais un surcroît de travail, une fatigue quelconque. Bref, je mettais Marlène en quarantaine.

***

Cher Louis,

Je ne comprends pas votre lettre. Quels sont les « messages » qui vous ont offensé ?

C'est la moindre des choses *que vous pouvez me faire savoir. Je vous ai écrit que je me* « cassais la tête » *essayant de deviner la raison de votre silence !* la cause ?

Qu'est-ce qui vous arrive ?

Vous êtes offensé pour rien du tout ou est-ce que vous avez une raison grave*? Ce n'est pas « FAIR » de votre part.*

Marlène.

***

Je retrouvais toujours le chemin de l'avenue Montaigne. Marlène continuait d'y vivre au présent et de gérer ses affaires. Quand j'étais dans sa chambre, elle me mettait à contribution en me demandant de lui passer tel ou tel dossier.

— Il est là, mon ange, disait-elle en montrant du doigt une étagère.

Bien sûr, je ne voyais pas le dossier parce que Norma l'avait emporté ou déplacé et cela donnait lieu à des scènes.

— Marlène, il n'y est pas.

— Mais si, il doit y être, un dossier rouge...

Elle voulait tout organiser, tout classer. Au fond, elle avait une mentalité de bibliothécaire-documentaliste. Elle découpait des articles qu'elle envoyait à Maria. La moindre coupure de presse la concernant était répertoriée et adressée à sa fille qui doit avoir des archives dignes de la Bibliothèque nationale.

Dans cette chambre qui était son univers, sa grotte, son refuge, Marlène était heureuse. Le reste de l'appartement n'avait plus aucun intérêt pour elle. Lorsque je lui proposais pour la centième fois d'aller dans le salon, elle me répondait :

— A quoi bon ? Quand je serai allée dans le salon, il faudra revenir dans la chambre, alors pourquoi bouger ? Je suis aussi bien ici. Et puis, un appartement, c'est plein d'angles...

***

Marlène ne manquait jamais les « nouvelles », comme elle disait. Le regard qu'elle portait sur la politique n'était pas très différent de celui qu'elle portait sur le monde du spectacle. Mitterrand battait trop des cils pour être un bon « showman », Thatcher était habillée en dépit du bon goût, même si Marlène avait une certaine admiration pour la « Dame de fer ». Quant à Mme Cresson, elle lui reprochait sa voix insupportable.

— C'est une véritable horreur, elle crie, c'est une caricature...

Sans indulgence, elle se moquait du ministre en imitant des caquètements.

Grande consommatrice de presse, Marlène était remarquablement bien informée de tout ce qui se passait dans le monde. Elle me parlait des événements les plus divers comme si le journaliste que j'étais devait absolument être au courant de toute l'actualité internationale.

— Comment, vous ne lisez pas la presse anglaise ? s'étonnait-elle.

Peut-être parce qu'elle était américaine, elle s'était intéressée très tôt au personnage du colonel North, bien avant que la presse française n'expose en détail l'affaire de l'Irangate. Là encore, elle voyait une forme de spectacle, une tragédie grecque : le bel officier qui devient un héros national en se sacrifiant pour laver l'honneur de son président...

Jusqu'au bout, Marlène suivit l'actualité, mais de plus en plus avec ce détachement que donnent l'âge et l'expérience. Elle qui avait connu la Première Guerre mondiale, pris part à la Seconde, failli perdre ses petits-fils dans le conflit vietnamien, elle qui avait entendu les « jamais plus » des politiques et des militaires, comment pouvait-elle s'étonner par exemple de la crise du Golfe ?

— C'est toujours la même histoire qui recommence. Et ce sont toujours les Américains aux premières loges...

Il y avait chez elle une sorte de fatalisme : l'Histoire suivait son cours inéluctable, les hommes répétaient les mêmes erreurs, les Juifs retournaient en Allemagne, les guerres recommençaient, on ne résolvait jamais les problèmes... Marlène observait tout cela avec une mélancolie qu'elle avait exprimée dans une de ses chansons fétiches, *Où vont les fleurs ?* écrite par Pete Seeger. Lorsqu'elle interprétait cette chanson en concert, à l'époque de ses tournées, elle changeait le dernier vers, donnant au texte une fin plus pessimiste :

Mais où vont tous les soldats
Du temps qui passe ?
Mais où sont tous les soldats
Du temps passé ?
Quand saurons-nous, un jour ?
Il est fait de tant de croix
Le temps qui passe
Il est fait de tant de croix
Le temps passé
Pauvres tombes de l'oubli,

Les fleurs les ont envahies,
Quand va la saison jolie
Les filles les ont cueillies
Qui peut dire où vont les fleurs
Du temps qui passe ?
Qui peut dire où sont les fleurs
Du temps passé ?
Sur les tombes du mois de mai
Les filles ont fait des bouquets.
Quand saurons-nous, un jour ?
Quand saurons-nous... Jamais !

***

L'interview était enfin tapée et reliée ! Il avait fallu s'y reprendre à plusieurs fois, Marlène exigeant un caractère d'écriture gras pour faciliter sa lecture. Ses modifications de dernière minute furent minimes, nous touchions au but.

— On enregistre dimanche prochain, me dit-elle.

C'était en effet le meilleur jour de la semaine car tout était calme, le téléphone ne sonnait pas, Marlène n'appelait pas ses amis — elle respectait leur silence. Il n'y avait guère que la nièce de Gabin, Nicole Klaus, qui risquait d'appeler en fin d'après-midi. C'était une tradition : cette dame qui habitait dans la région d'Orléans était un peu le dernier lien que Marlène avait gardé avec son grand amour.

Ce dimanche-là j'amenai donc mon Nagra, en croisant les doigts pour que tout se passe bien. J'étais un peu nerveux en branchant mon matériel.

Je ne disposais que d'un seul micro et je m'étais

donc installé vraiment tout près d'elle, sur le bord du lit. Je ne m'inquiétais pas trop de ma voix, il serait toujours temps de la repiquer en studio si elle ne ressortait pas clairement. J'avais donc donné le micro à Marlène.

— Attention, lui disais-je parfois, vous ne le tenez pas bien.

De temps en temps, quand j'avais une question longue, ou que je devais lire à mon tour un paragraphe du livre de Sternberg, je me penchais, je lui reprenais le micro mais elle en était toujours malheureuse et me le disputait.

Si bien qu'elle enregistra assez recroquevillée, presque en position fœtale, avec le texte sous les yeux. Elle lisait très bien, donnant l'impression de parler naturellement, à l'exception bien sûr des passages où elle « interprétait » Sternberg.

L'enregistrement fut un miracle. Marlène n'accrocha pratiquement pas, nous marquâmes peu de pauses, sauf pour les changements de bobines.

J'étais aux anges, je n'avais pas osé rêver une telle chance. J'écoutais cette voix troublante évoquer les bribes d'un destin exceptionnel, où une discipline de soldat et les joies du quotidien avaient toujours préservé l'intéressée du vertige bourdonnant de la célébrité. Les lieux défilaient : la maison de l'enfance, « vivante et tranquille à la fois, où habitaient toutes les femmes de la famille qui avaient perdu leur mari à la guerre », le Berlin des années vingt, où régnait « l'humour tragique dénué d'idôlatrie et de pitié pour soi-même », puis les résidences californiennes, « au bord de l'océan Pacifique, avec piscines et courts de tennis », mais aussi les Ardennes en 1944, « quand le front était presque pénétré et que la division américaine, la 77ᵉ, tous des jeunes soldats, avait été anéantie », enfin ses loges de théâtre et ses scènes prestigieuses aux quatre coins du monde...

Des lieux, mais aussi des hommes, les « créateurs » comme Sternberg ou Hemingway, des « héros » aussi divers que le docteur Salk, l'inventeur d'un vaccin contre la polio, ou le général américain James Gavin, les « maîtres » comme Maurice Chevalier ou Frank Sinatra, les « grands esprits » comme André Malraux ou Orson Welles avec qui « je me suis sentie comme une plante qui n'avait pas été arrosée depuis longtemps ».

Parfois, dans mon élan, profitant de cet état de grâce, j'essayais de piéger Marlène en lui posant des questions impromptues.

— Ce n'est pas dans le texte, me répliquait-elle aussitôt.

Je réussis cependant à lui faire faire quelques confidences sur Gabin, dont elle n'avait pas encore parlé jusqu'alors. Des mots pesés, dignes, pudiques, et cet aveu : « C'est une de ces pertes qu'on sent jour et nuit. »

Plus tard, autre moment d'émotion... Marlène lisait une belle citation de Cocteau, que Jean Marais avait rappelée lors d'un hommage public en 1954, à Monte-Carlo :

« Des paillettes de *l'Ange Bleu* au frac de *Morocco*, de la pauvre robe noire de *X-27* aux plumes de coq de *Shangai Express*, des diamants de *Desire* à l'uniforme américain, de port en port, d'écueil en écueil, de houle en houle, de digue en digue, il nous arrive, toutes voiles dehors, une frégate, une figure de proue, un poisson chinois, un oiseau-lyre, une incroyable, une merveilleuse : Marlène Dietrich. »

Un sanglot étrangla sa voix, une larme roula sur sa joue, mais elle ne voulut pas l'essuyer. Elle continua sa lecture comme si de rien était. Quant à moi, je retenais mon souffle...

Bientôt, pourtant, le charme fut rompu. Marlène venait de répondre à une question sur la gloire, je la sentis soudain lasse.

— Louis, on arrête, je suis tellement fatiguée.

Évidemment, je voulais continuer à tout prix, pressentant que je n'aurais jamais plus une telle aubaine. Je me sentais dans la peau d'un metteur en scène qui sait ses acteurs inspirés et qui a peur que la pluie ne tombe et n'interrompe le tournage : « Dépêchons-nous, gardons cette lumière et continuons à filmer ! »

— Encore un petit effort, Marlène.

— Vous n'avez pas conscience que nous travaillons depuis une heure et quart ? Vous êtes d'une cruauté monstrueuse ! Vous vous prenez pour qui ?

Je me réveillai brutalement et arrêtai le magnétophone. Marlène avait raison, je n'étais pas Sternberg. Comme elle voulait écouter le résultat, je rembobinai la bande. Un chuintement, un déclic, puis j'appuyai sur le bouton « marche » et je réglai le volume : nos deux voix se mirent à résonner dans la pièce.

A ce moment précis, j'aurais tout donné pour être un cinéaste ou un photographe, afin de pouvoir capturer ces instants de bonheur profond que je lisais sur le visage de Marlène.

Elle s'écoutait attentivement, les yeux brillants, le menton délicatement posé sur sa main gauche repliée. Quel portrait sublime ! De toute évidence, elle était heureuse de se réentendre. Elle retrouvait une atmosphère de travail, le côté technique de ce magnétophone sophistiqué que j'avais apporté...

— Oh, mais c'est bien, c'est très bien ! disait-elle en s'écoutant.

Sa voix était superbe en effet, avec ces intonations riches qu'elle savait donner aux phrases.

Je pus me rendre compte, cependant, qu'elle avait gardé intact son jugement critique. Une ou deux fois, elle voulut réenregistrer sa réplique, à juste titre. Mais l'essentiel avait été fait d'affilée. Il y avait notamment à la fin un long développement sur sa tournée en Pologne : elle l'avait enregistré d'une seule traite, et on la sentait gagnée par l'émotion et la fatigue, car nous enregistrions depuis plus d'une heure.

Elle se déclara enchantée de ce premier résultat. Car nous n'en étions qu'à la moitié du texte écrit. Il restait une bonne heure à enregistrer.

— Dimanche prochain, me dit-elle.

De mon côté, j'aurais voulu reprendre aussitôt. Que ne l'ai-je fait ?

⁂

Louis Bozon : *Vous avez toujours aimé la Russie et la Pologne. Pouvez-vous nous expliquer les raisons de cette admiration ?*

Marlène Dietrich : *Dans ces deux pays, il existe un respect pour les artistes qu'on ne retrouve pas ailleurs, sauf en Israël. Je vous donne un exemple. Quand j'ai chanté à Gdansk, le premier soir, je remarquai qu'il y avait des bruits de trains qui passaient, un bruit si fort que je décidai d'en parler après le spectacle avec le chef d'orchestre et les musiciens. Nous avions trouvé la solution suivante : quand les trains s'approcheraient, je ferais signe de marquer une longue pause, et je reprendrais la chanson une fois le train passé. Si le train devait passer entre deux chansons, je bavarderais pendant quelques minutes avec le public. On a répété tout cela pendant une heure, rideau baissé. Le soir suivant, je faisais très attention, afin de ne pas manquer de donner le signal, comme convenu. Je continuais à chanter comme d'habitude, mais je n'entendais plus aucun train. Le spectacle s'est terminé dans toute sa gloire, sans interruption. Je me hâtai d'en parler au chef d'orchestre, une fois les applaudissements terminés. Il n'avait pas entendu non plus le moindre bruit. Il en restait sans voix. Dans les coulisses, les hommes qui m'accompagnaient pendant la tournée en Pologne étaient là comme toujours, ils souriaient. Finalement, ils nous ont expliqué qu'ils avaient appris que j'étais très gênée par le bruit le soir précédent et qu'ils avaient fait arrêter le trafic de tous les trains pendant les deux heures de mon spectacle !*

La gloire comme fardeau

L.B. : *Entre le cinéma et la scène, je sais que vos préférences vont à la scène. Pouvez-vous nous dire pourquoi ?*

M.D. : *La raison pour laquelle je préfère la scène au métier du cinéma est que, sur scène, je suis libre d'être moi-même, au lieu de jouer les rôles d'autres personnages. Ce métier m'a donné un grand bonheur et les grands voyages qu'il m'a permis de faire m'ont ravie... Chanter et parler pour et avec un public vivant est incomparable par rapport au métier du cinéma qui est sec. Je veux parler du travail du studio où il n'y a jamais de réaction, jamais le son merveilleux des mains qui applaudissent. Quand on fait du cinéma, on lit les applaudissements dans les critiques des journaux, si on a de la chance, mais on ne les entend pas.*

L.B. : *Marlène Dietrich, que pensez-vous de la gloire ?*

M.D. : *Voilà un thème que je savais que vous alliez aborder. La gloire est une arme à double tranchant. La gloire, c'est quelque chose dont on se rend compte plus tard, longtemps après que les autres en ont parlé. Cela ne vous donne ni le bonheur, ni le confort, ni la chaleur, ni le nirvana que les gens imaginent. Peut-être que les grands chanteurs d'opéra aiment la gloire. Mais je ne suis pas trop sûre des sentiments à son égard des grands acteurs, des hommes de science et de toutes les autres célébrités. Pour moi, la gloire, ce fut toujours et surtout un lourd fardeau.*

CHAPITRE 10

FINITA LA COMMEDIA...

Depuis quelque temps, je remarquais que Marlène ne m'offrait plus à boire lors de mes visites. Bien sûr, je ne venais pas chez elle pour me rincer le gosier, et même si cela avait été le cas, j'aurais pu aller me servir dans la cuisine ; mais ce changement d'attitude, ce manquement inhabituel à la politesse m'apparaissait comme le signe négatif d'un plus grand repli sur soi.

Il était une époque où dès mon entrée dans sa chambre, Marlène me tendait une coupe de champagne. Elle débouchait elle-même la bouteille dans son lit : sachant combien j'appréciais ce breuvage, elle tenait à me faire plaisir. Souvent, elle m'offrait aussi à manger, parce qu'elle venait de préparer son repas ou de recevoir un plat de chez le traiteur de la rue Marbœuf.

— Tenez, servez-vous...

Mais ces derniers temps, Marlène semblait perdre de sa convivialité : elle ne s'inquiétait plus du tout de savoir si j'avais faim ou soif. Elle-même ne buvait plus que du thé et ne m'en proposait pas, sachant que je n'avais pas de goût prononcé pour les eaux chaudes, même parfumées à la bergamote.

Elle qui avait eu une véritable passion pour la cuisine ne semblait plus du tout s'y intéresser, pas plus qu'elle ne paraissait s'intéresser au bien-être de ses visiteurs. Comme beaucoup de gens, Marlène devenait de plus en plus égoïste en vieillissant, tout simplement sans doute parce qu'elle s'appliquait à économiser ses forces. Tout ce qui comptait désormais était ma présence, aussi longtemps qu'elle en avait envie et quand elle en avait envie.

Cette perte de convivialité ne signifiait pas pour autant que les manifestations de tendresse avaient disparu entre nous, bien au contraire, même si elles ne prenaient toujours pas la forme de grandes embrassades, mais de simples remerciements ou d'aveux déguisés.

— Vous m'êtes si précieux, mon ange. Que ferais-je sans vous ?

Je savais que ces compliments n'étaient pas feints. Marlène n'aimant ni les fioritures ni le sentimentalisme, son affection pouvait parfois s'exprimer à mots couverts :

— Hier, j'avais un gros problème à résoudre et vous étiez introuvable. Où étiez-vous donc ? Vous auriez dû m'appeler.

C'était sa façon à elle de dire « vous m'avez manqué », « j'ai besoin de vous ».

***

Je reçois ce mot de Marlène, écrit sur une carte de visite bleue glissée dans une enveloppe de même couleur :

Cher Louis,
Je sais que vous ne voulez pas le croire — mais je suis perdue sans vous.
Marlène.

Au verso, je lis, en lettres capitales, ponctué par trois points d'exclamation rageurs, comme autant de flèches accusatrices :

VOS SILENCES SONT TERRIBLES. LES JOURNÉES SONT LONGUES, LONGUES, LONGUES !!!

***

Le vendredi ou le samedi, j'appelai Marlène pour lui demander :

— Alors, Marlène, on la finit, cette interview ? On enregistre ce dimanche ?

— Oui, oui, passez donc dans l'après-midi !

Le dimanche matin, je donnai un rapide coup de fil pour confirmer ma venue. Marlène était toujours d'accord, mais je la sentais moins enthousiaste. Deux heures plus tard, comme je me préparai à sortir de chez moi, elle me rappela en toussotant :

— Vous entendez ma voix, je suis enrouée...

— Ça ne fait rien, Marlène...

— Non, je ne peux pas, vraiment, dans ces conditions, il vaut mieux attendre...

Le dimanche suivant, elle était fatiguée, ou bien c'étaient des travaux dans la rue qui faisaient trop de bruit...

Ces reports répétés, ces annulations de dernière minute finirent par m'agacer prodigieusement. A part son amitié, je n'attendais rien de Marlène et j'avais l'impression que cette interview, parce qu'elle me mettait en position de demandeur, risquait de devenir pour moi une espèce de soumission permanente à ses caprices. En outre, j'avais d'autres soucis que l'enregistrement de notre entretien : en effet, ma mère était tombée sérieusement malade et elle avait besoin d'être entourée.

Voyant que l'interview n'avançait pas et que Marlène faisait preuve d'une mauvaise volonté flagrante, je finis par exploser. Pour la première fois, je haussai la voix contre elle :

— Écoutez, Marlène, il y a un moment où il faut savoir s'arrêter. Vous ne voulez visiblement pas terminer l'interview, je ne vais pas me mettre à genoux devant vous. Je vous dis au revoir, parce que je n'ai pas l'intention de me prostituer, même avec vous !

Je savais que je venais de lui jeter au visage un mot auquel elle était particulièrement sensible.

— Vous prostituer ? Est-ce que je ne me suis pas prostituée, moi, tout au long de ma vie ? Est-ce que je n'ai pas accepté des choses que je n'aurais jamais dû accepter ? Des films que je n'aurais pas dû tourner, des interviews que je n'aurais pas dû donner ?

C'était la rupture. Notre seule vraie rupture en presque trente ans. Elle devait durer plusieurs mois.

***

Chère madame Bozon,

Je vous ai fait un bouillon que vous devez *boire* petit à petit *car il n'y a* pas *de sel,* ni *graisse,* ni *sucre (carottes) mais cela vous donnera de la force. Si vous l'aimez, je vais vous faire ce bouillon deux fois par semaine.*

Cela se tient très bien dans le frigidaire. Je vous offre cela, car seulement moi ai la patience de le faire. Comme je suis à demi invalide, je n'ai rien d'autre à faire et cela me donne du plaisir de faire la cuisine pour vous.

Pour la digestion, mangez le pain de son. *Mais pour dormir, le « Temesta » ne vous fait pas de mal. Je le prends chaque soir depuis des années. A vous toujours,*

Marlène.

***

Je fus touché par le fait que Marlène, malgré notre fâcherie, ait continué à s'inquiéter de la santé de ma mère. En dépit de l'attention dont elle fut l'objet, maman devait décéder quelque temps plus tard. Le soir même de sa mort, je reçus un coup de fil de Norma, la collaboratrice de Marlène, à qui j'appris la nouvelle. Marlène me rappela aussitôt, et je lui confiai ma douleur :

— Marlène, j'ai tellement plus fait pour vous que pour ma mère... Ce soir, je suis plein de remords et de tristesse car j'aimais beaucoup maman.

— Oui, je sais, on a fait des bêtises...

La mort de ma mère nous réunit. Nous nous expliquâmes, et les griefs s'envolèrent. Je dis à Marlène que la plus belle interview du monde ne méritait pas qu'elle me malmène comme elle l'avait fait. Ce fut le seul reproche que je lui adressai en trois décennies : celui de ne pas avoir eu assez de respect, en la circonstance, pour notre amitié.

***

L'interview refit surface quelque temps plus tard. Ce fut Marlène elle-même qui m'en reparla. Je lui renvoyai donc la partie du texte qui restait à enregistrer. Le lendemain, elle me téléphona :

— Il y a une enveloppe qui vous attend en bas, me dit-elle, j'ai fait quelques annotations.

En fait, aucune modification n'était apportée au texte. Marlène avait seulement écrit en gros sur l'enveloppe kraft : « C'est absolument illisible, il y a trop de fautes d'orthographe ! »

Pourtant, le texte était celui que nous avions tapé et relu ensemble, et il n'y avait pas une coquille. Marlène avait de nouveau changé d'avis.

Un peu écœuré, je la rappelai pour lui dire qu'il était plus sage de laisser tomber, purement et simplement. Peut-être prise de remords, elle me relança quelques semaines plus tard :

— Louis, nous allons terminer l'interview mais sans le texte parce que ça me fatigue de lire. Mes yeux ne sont plus très bons. Vous me poserez les questions et je répondrai de mémoire...

Vingt fois je me présentai chez elle, mon magnétophone sous le bras, vingt fois je le rapportai chez moi sans que nous ayons pu enregistrer une ligne.

Au fond, je m'étais fait une raison, j'avais compris que nous ne terminerions jamais. Même si Marlène avait désiré réellement me faire plaisir, c'était devenu trop difficile pour elle. Que craignait-elle le plus ? Le rappel de souvenirs douloureux ou la nostalgie des instants de bonheur ? Je n'en savais rien, mais j'avais l'impression que cet enregistrement était une espèce de psychanalyse à laquelle elle ne souhaitait plus se soumettre. A moins, autre possibilité, qu'elle ne souhaitât laisser ouverte une interview qui ressemblait trop à un bilan de sa vie...

De toute façon, je dus en faire mon deuil. Au fond, si j'ai tant insisté auprès de Marlène, c'est peut-être parce que je tenais à entendre de sa bouche la réplique qui concluait notre texte...

Louis Bozon : *Marlène Dietrich, on sait que vous préservez farouchement votre vie privée. C'est pour cette raison que je vous remercie de m'avoir accordé cette interview.*

Marlène Dietrich : *Nous sommes amis, Louis Bozon.*

***

La santé de Marlène continuait de m'étonner. Bien qu'alitée depuis de nombreuses années, elle ne connaissait aucun des inconvénients dont souffrent les gens couchés. C'était un miracle devant lequel les médecins perdaient souvent leur latin.

Quelques mois avant sa mort, elle était tombée de son lit et s'était entaillé la cuisse. Je dus prier un chirurgien de venir la soigner à domicile. Les médecins se déplaçaient pour Marlène Dietrich, et on aurait pu l'opérer chez elle si le besoin s'en était fait sentir.

Grâce au ciel, il n'y avait rien de cassé et le médecin se contenta de recoudre la blessure. Lorsqu'il repassa huit jours plus tard pour enlever les fils, il eut un peu de mal à les extraire, car la peau de Marlène avait cicatrisé comme celle d'un bébé !

— Si je n'étais pas l'auteur de ce point de suture, je n'aurais pas cru possible une guérison aussi rapide.

A plus de quatre-vingt-dix ans, Marlène gardait une santé extraordinaire. Il est vrai qu'elle faisait tout pour se protéger, pour ne pas tomber malade, car elle avait une peur panique de l'hôpital. Dès qu'elle sentait monter la moindre fièvre, elle avalait des antibiotiques. Éviter avant tout qu'on la bouge de chez elle.

Je n'ai jamais entendu Marlène se plaindre : elle n'avait rien d'une douillette. Elle était aux antipodes de ces personnes âgées qui rebattent les oreilles des gens avec leurs petites misères. Les rares médecins qui venaient avenue Montaigne le faisaient sur ma demande, parce que j'avais réussi à les imposer.

Un hiver, alors que sévissait une grave épidémie de grippe, je m'étais inquiété.

— Vous êtes enrhumée, Marlène ?

— Est-ce qu'on a jamais parlé d'un rhume ?

— Quand même, à votre âge, vous devriez vous soigner.

Deux ou trois jours plus tard, elle était en pleine forme, grâce à sa fabuleuse faculté de récupération.

***

Marlène éprouvait toujours la même aversion pour les vacances. Probablement parce que c'était toujours les autres qui les prenaient... Lorsqu'il m'arrivait de m'absenter quelques jours, elle s'arrangeait pour m'inculquer un sentiment de culpabilité.

— Vous partez ? Alors vous ne serez pas là au moment où j'aurai besoin de vous...

C'était son côté militaire : elle aimait que les gens répondent toujours présents à l'appel.

Pourtant, pour moi, ces moments de répit étaient devenus une nécessité. J'avais besoin de m'aérer, de me soulager brièvement de responsabilités consenties mais parfois lourdes à porter. Pour m'éviter de longues remontrances de la part de Marlène, je prétextais qu'il s'agissait d'un voyage de travail : je partais pour un long reportage...

— Vous serez absent pendant trois semaines !

Elle trouvait que je travaillais plus qu'autrefois, mais elle ne posait pas de questions. J'allais sans doute lui manquer, mais elle était trop orgueilleuse pour l'avouer et suffisamment organisée pour pallier les problèmes liés à mon absence. En outre, elle avait encore l'art et la manière de trouver la personne qui lui rendrait tel ou tel service, en cas de besoin.

Pourtant, elle était sans doute plus dépendante de moi qu'autrefois. Ma compagnie, mon amitié, lui étaient indispensables. Mais nul n'est irremplaçable, en particulier aux yeux d'une femme comme Marlène. Sa fille me dit un jour une phrase qui m'apparut tout d'abord cruelle à mon égard, mais qui était peut-être juste :

— Ne t'absente pas trop, Louis, car ma mère risque de t'oublier...

***

Marlène n'a jamais eu la fibre familiale très développée, une attitude que j'avais tendance à partager et qui donc ne me choquait nullement. Elle ne voyait pour ainsi dire jamais ses petits-enfants, les enfants de Maria. Il est vrai que ceux-ci habitaient aux États-Unis et que cela ne facilitait guère les contacts fréquents. Mais la vérité, c'est que Marlène a rarement fait l'effort de les recevoir. De leur côté, ils avaient beaucoup d'affection pour elle, mais à leur grand désarroi, ils ne purent l'exprimer qu'à distance.

J'eus l'occasion d'en parler avec Peter, un des petits-fils, qui s'efforçait de comprendre pourquoi sa grand-mère était aussi « fermée à l'amour ». C'est-à-dire qu'elle acceptait les gens qui l'aimaient mais elle ne leur donnait que très peu en retour. Peter y voyait l'influence d'une enfance vécue pratiquement sans homme, sous la seule autorité d'une mère dont le mari avait été tué au front, et où la discipline et le confort assuré l'emportaient sur les débordements émotionnels. Héritière de ce schéma matriarcal, Marlène l'aurait appliqué à sa propre descendance... Elle ne fuyait pas les responsabilités matérielles, elle l'a prouvé dans sa façon de couvrir de bienfaits ses petits-enfants, mais elle ne tenait guère aux liens affectifs. Au fond, la famille, elle l'invoquait plus qu'elle ne la vivait.

Pourtant, il y avait Maria... Celle-ci était omniprésente dans la vie quotidienne de Marlène, dans ses préoccupations comme dans ses conversations. Il ne se passait pas un jour sans qu'elle s'entretienne avec elle par écrit ou au téléphone. Lorsque Maria n'était pas chez elle, Marlène était dans tous ses états :

— Ma fille ne répond pas !

Elle disait cela avec une pointe d'inquiétude — « lui serait-il arrivé quelque chose ? » —, ou d'agacement — « comment se fait-il que je ne sois pas au courant lorsqu'elle s'absente ? ».

Marlène était toujours soucieuse de protéger sa fille des possibles retombées de sa célébrité. Je doute qu'elle y soit totalement parvenue. Maria n'a certainement pas eu une vie « normale ». A tous points de vue, il n'est jamais facile d'avoir une mère de ce calibre.

Je dois rendre hommage à cette femme qui s'est montrée parfaitement à la hauteur de son rôle ingrat de fille d'une légende. Un rôle pourtant lourd à assumer : elle devait faire preuve de patience mais également de vigilance à l'égard de sa mère. Sans cesse sollicitée, et à tout propos, Maria devait aussi affronter les tentatives de chantage auxquelles l'exposaient les lettres personnelles et les conversations téléphoniques parfois imprudentes de Marlène. Enfin, elle devait jouer les médecins, et ce à plusieurs milliers de kilomètres de distance, sa mère refusant la plupart du temps de consulter un généraliste et préférant faire confiance à sa fille.

Maria était certainement la seule personne qui fût en permanence à l'esprit de Marlène. Pourtant, tout ne se passait pas sans accrocs entre elles. Indéniablement, Marlène adorait sa fille, mais elle ne souhaitait pas pour autant la voir trop souvent à Paris. Car elle tenait à prouver qu'elle était capable de se débrouiller seule et qu'elle n'avait pas besoin qu'on se penche constamment sur son chevet.

Marlène Dietrich : *Mon seul enfant, ma fille... Elle est le centre de ma vie. Elle ne le sait pas, Dieu merci ! Cela serait un poids trop lourd, un poids que je ne veux pas lui imposer.*

Louis Bozon : *Expliquez, chère Marlène, car ce que vous venez de dire est un peu vague.*

M.D. : *D'être aimée à ce point-là n'est pas facile à supporter ou à vivre. Ma fille, Maria, n'a pas eu une vie facile mais elle s'en est sortie toute seule, tout entière, resplendissante, intelligente — comme personne avant elle.*

L.B. : *Vous êtes fière d'elle.*

M.D. : *Oui, je suis fière d'elle mais j'insiste sur le fait que ce n'est pas moi qui l'ai rendue si parfaite. Elle a hérité beaucoup de ses qualités de son père, que j'aime et que j'admire aujourd'hui dans mes souvenirs.*

***

J'avais personnellement, un jour, demandé à Maria de venir à Paris au plus vite parce que j'avais cru déceler un fléchissement chez Marlène. Plusieurs signes avaient attiré mon attention. Sur les derniers mots que j'avais reçus d'elle, j'avais remarqué que sa magnifique écriture se faisait plus brouillonne. Son téléphone ne répondait pas toujours, ce qui m'avait obligé deux ou trois fois à me servir de ma clé pour entrer nuitamment dans son appartement où, grâce au ciel, je l'avais trouvée tranquillement endormie. Lorsqu'elle répondait, nos conversations étaient plus courtes. Sa voix, qu'elle avait pourtant gardée longtemps si belle, avait perdu sa merveilleuse élocution. J'ai toujours pensé que la voix était le reflet de l'esprit. Lorsque les malades ou les vieillards déclinent, leur voix s'altère. Et Marlène était beaucoup trop clairvoyante pour n'être pas consciente de ce changement, et de sa signification. Elle savait que l'âge entamait ses facultés physiques : elle entendait moins bien, et surtout elle commençait à perdre la vue, drame terrible qui lui interdisait son seul vrai plaisir, la lecture.

Sur le plan intellectuel, elle avait gardé toute sa vivacité d'esprit. Pourtant, il lui arrivait depuis quelques semaines d'avoir de légères absences. Elle semblait se retirer davantage du monde : souvent, au beau milieu d'une conversation, elle se mettait à fredonner. Je lui en avais fait la remarque.

— Oui, je fredonne... s'était-elle contentée de me répondre.

Elle chantait des airs de son enfance, en allemand, ou bien des chansons qu'elle avait toujours aimées, comme *Je tire ma révérence*. Parfois, un vers lui échappait :

— Comment c'est après ? Louis, aidez-moi...

Pour moi, cette nouvelle habitude, propre aux personnes âgées, de vous lâcher en plein entretien pour « chantonner ailleurs », comme on s'échappe, était un signe de plus — furtif, mineur — que Marlène s'en allait peu à peu...

L'accumulation de tous ces symptômes m'avait donc convaincu d'alerter Maria et de lui demander de venir à Paris. Elle prit le premier avion, elle se précipita avenue Montaigne... puis m'appela au téléphone :

— Maman ne souhaite pas que je reste, me dit-elle, je suis venue pour rien.

Marlène elle-même m'accabla ensuite de reproches :

— Pourquoi avez-vous dérangé ma fille ?

— Parce que j'avais quelque inquiétude sur votre santé, me suis-je défendu. Et parce que je ne peux pas prendre tout sur mes épaules, même avec Norma...

Maria repartit pour New York dans les vingt-quatre heures, sa mère maintenant dur comme fer qu'elle était en parfaite santé. C'était toute la difficulté de leurs rapports : Maria était toute dévouée à sa mère, celle-ci la chérissait, mais il n'était pas toujours aisé de vouloir faire le bien de Marlène malgré elle...

***

J'avais décidé de prendre quelques jours de vacances en Grèce. En dépit des craintes que j'avais formulées à plusieurs reprises, l'état de Marlène ne me paraissait pas préoccupant dans l'immédiat. Quelques jours avant mon départ, elle me disait avec fierté :

— Regardez, Louis, comme je lève encore bien la jambe. Quel dommage que je ne puisse pas marcher !

Et je partis passer une semaine sur une île des Cyclades. Une nuit, je fis un rêve étrange dans lequel le visage de Marlène m'apparaissait avec insistance.

— Vous avez tant pris mes soucis, Louis... me disait-elle ; maintenant je vais prendre les vôtres...

Au réveil, je racontai ce rêve aux amis qui m'hébergeaient, en leur disant que j'éprouvais un mauvais pressentiment...

Dans la journée qui suivit, je reçus un appel d'Athènes me demandant de contacter Paris au plus vite. Je compris aussitôt, sans l'ombre d'un doute. Marlène Dietrich venait de mourir. Nous étions le 6 mai 1992, au début de ce mois de mai qu'elle haïssait tant, parce que la vie s'arrêtait à Paris. Moi qui pendant près de trente ans avais été près d'elle au moindre problème, je n'avais pu lui dire adieu.

***

Depuis trois jours, Marlène refusait de laisser quiconque pénétrer dans sa chambre. Inquiète, mais toute à son dévouement, Norma n'osa enfreindre cette interdiction, et ce fut finalement un des petits-fils de Marlène, Peter, qui força l'entrée, accompagné d'un médecin. Il prit sa grand-mère dans ses bras et l'emmena dans le salon, plus spacieux. Elle demanda un téléphone, sa carafe d'eau, et voulut appeler sa fille...

Elle est morte quelques heures plus tard, en murmurant le nom de Maria.

J'ai l'intime conviction qu'elle est morte de lassitude. D'une fatigue de vivre... Après son quatre-vingt-dixième anniversaire, son moral était devenu chancelant :

— Il ne faut plus lutter, disait-elle. C'est trop dur. Je vais encore recevoir des hommages, je vais encore subir des attaques...

Les deux derniers mois en particulier, j'avais senti chez elle un refus de combattre, une perte de pugnacité. La flamme commençait à vaciller.

— C'est long, c'est long... répétait-elle.

Quand je me risquais à lui demander « ça va ? », ce dont elle avait horreur, elle me répondait :

— Que faire d'autre, mon ange ?

Elle s'en allait doucement, et c'était plus le moral que le physique qui lâchait : deux heures avant sa mort, le médecin accouru pour lui porter les premiers soins lui trouva une tension parfaitement normale.

Moi qui ai tant aimé Marlène, qui ai passé tant d'heures à ses côtés, qui ai tant souffert avec elle, j'ai le sentiment qu'au fond, elle a jugé que le spectacle était terminé.

— Finita la commedia ! disait-elle.

Elle a décidé qu'il était temps de baisser le

rideau. Dans son Journal, elle avait écrit au tout début du mois de mai, avec un étrange humour :

— Je crois que je vais mourir... Je ne sais pas comment expliquer cette sensation car je n'ai aucune expérience sur ce « terrain »...

Marlène est morte en paix, sans se débattre. Son petit-fils l'avait allongée sur le divan du salon, sous les portraits accrochés au mur. Elle a donc rendu le dernier soupir sous le regard familier des êtres qui avaient compté dans sa vie. Mais je n'étais pas là...

Afin de parer à toute irruption scandaleuse des photographes, son petit-fils Peter eut la bonne idée de recouvrir son corps d'un grand drapeau bleu, blanc, rouge. Je suis persuadé que Marlène n'aurait pas souhaité autre chose.

Elle avait toujours été déchirée entre son origine allemande, sa nationalité américaine et son amour pour la France. Ce déchirement fut illustré par les trois drapeaux qui recouvrirent successivement son cercueil : le tricolore pour les funérailles à la Madeleine, la bannière étoilée pour le transport jusqu'en Allemagne, et enfin les couleurs rouge et blanc de la ville de Berlin pour la mise en terre. Car c'est à Berlin que repose aujourd'hui Marlène Dietrich, à côté de sa mère.

Je sais qu'elle avait toujours souhaité mourir en France, qu'elle y avait même activement recherché une sépulture. Avait-elle changé d'avis à la fin de sa vie ? Avait-elle confié ses dernières volontés à Maria ? C'est possible.

Souvent, Marlène me disait que l'Allemagne

n'était plus le pays qu'elle avait connu, qu'elle ne souhaitait pas y retourner. Mais la chute du mur de Berlin avait peut-être changé certaines choses à ses yeux car cet événement lui avait procuré une joie intense. Elle m'avait appelé ce jour-là sur France-Inter, désirant faire une déclaration. J'étais à Alger et ce fut Ivan Levaï qui recueillit ses propos : *« J'ai laissé ma valise à Berlin. »* Sans doute Marlène s'était-elle souvenue de la chanson ainsi intitulée qu'elle avait interprétée dans le film de Billy Wilder, *la Scandaleuse de Berlin*, et sans doute, l'émotion aidant, avait-elle compris de façon plus profonde qu'elle avait vraiment laissé une partie de son âme dans la ville de sa jeunesse et de ses débuts...

***

Pendant près de trente ans, on m'a demandé si je mesurais la « chance exceptionnelle » que j'avais de connaître Marlène Dietrich, de compter parmi les rares intimes d'une des dernières stars du siècle. Moi, j'esquivais la question d'un simple hochement de tête, sachant trop bien ce que cette « chance » pouvait avoir de douloureux. Pourtant, on avait raison : je n'ai pas assez mesuré mon bonheur. C'est l'histoire du caviar et des pommes de terre : quand on mange du caviar tous les jours, on finit par avoir envie de simples pommes de terre à l'eau, comme Marlène savait si bien les faire, cuites dans leur peau, servies bien sèches et saupoudrées de sel.

Il n'était pas toujours facile d'être en harmonie avec Marlène. Peut-être attendais-je plus qu'elle n'était disposée à me donner, affectivement parlant.

Mais en dernière analyse, c'était elle qui décidait de notre relation, libre à moi de rester ou de m'en aller.

Peu après sa mort, j'ai revu la fidèle Norma, qui a merveilleusement résumé ce que nous ressentions tous deux :

— Cette femme qui nous a souvent malmenés, qui nous a parfois accablés de reproches injustifiés, cette femme dont nous nous sommes occupés d'une façon complètement désintéressée, sans rien attendre en retour, et dont d'ailleurs nous recevions souvent moins que rien, cette femme avait fini par prendre une telle place dans notre vie qu'aujourd'hui nous sommes en deuil, moi orpheline et vous veuf.

Quand je repense à toutes ces années, je ne peux m'empêcher d'éprouver un sentiment de frustration. Peut-être est-ce celui que nous éprouvons tous à la disparition d'un être proche, lorsqu'on s'aperçoit qu'on n'a pas fait tout ce qui était en notre pouvoir pour le comprendre et qu'il est maintenant trop tard. Je crois entendre Marlène à propos de Sternberg :

— Je n'ai pas compris...

Car elle a très bien connu aussi ce sentiment de passer à côté de quelqu'un ou de quelque chose. Professionnellement, d'abord, elle n'a pas réalisé sur le coup l'importance artistique de ses films tournés entre 1930 et 1935 ; amoureusement, ensuite, elle avait eu l'amour à portée de cœur mais n'avait pas su le retenir ; affectivement, enfin, elle avait refusé de s'investir pleinement dans sa famille comme avec les quelques personnes qui firent l'effort, jusqu'au dernier instant, d'accompagner sa solitude.

« Je n'ai pas compris... », disait-elle. Elle avait compris, en tout cas, sans se faire la moindre illusion, les pièges de la célébrité. Elle savait les stars exploitées jusqu'au jour de leur mort. C'était le jeu, elle l'acceptait, mais non sans appréhension. Elle n'ignorait pas qu'avec un instinct cruel, les journalistes et organisateurs de mondanités sentaient venir l'heure fatale et, comme pris de remords, s'ingéniaient alors à couvrir à nouveau de fleurs certaines vedettes longtemps négligées, voire oubliées. Elle qui n'avait jamais reçu d'oscar redoutait plus que tout le fameux *death bed award*, le prix décerné aux acteurs prestigieux mais non récompensés, pour « l'ensemble de leur œuvre », et qui ressemblait tant aux derniers sacrements...

Elle n'allait pas échapper à la règle. Elle ne reçut pas d'oscar « in extremis » mais quelque chose d'approchant. Les organisateurs du festival de Cannes, avec un flair dont ils pouvaient se réjouir, avaient choisi un de ses portraits pour l'affiche de leur manifestation annuelle — sans l'autorisation de l'intéressée. Hommage émouvant et plein d'à-propos pour certains, ultime abus pour une star si sensible à l'exploitation sauvage de son image.

***

Un inventaire de l'appartement de Marlène a été dressé... Je ne pense pas que Maria tienne à conserver tout ce qui se trouvait chez sa mère : il s'agissait avant tout d'objets usuels, qui n'auront de valeur que pour quelques collectionneurs. Les milliers de livres ont d'ores et déjà été offerts à la bibliothèque de l'ambassade américaine à Paris.

Pour le reste, on a malheureusement pu déplorer

quelques vols. Maria s'est ainsi aperçue qu'avait disparu le fameux manteau de cygne à longue traîne, celui que Marlène portait sur sa robe à paillettes en entrant sur scène. Jusqu'après sa mort, Marlène aura été victime de sa gloire.

Maria eut la gentillesse de me proposer de choisir ce que je voulais comme souvenir. J'avais le souvenir de Marlène, je ne demandais rien d'autre. Finalement, j'ai accepté de prendre un objet sans grande valeur, mais symbolique à mes yeux. Il s'agit d'une enseigne en bois, datant peut-être de la fin du siècle dernier, qui devait être suspendue autrefois à l'entrée de certains restaurants ou hôtels, et sur laquelle était écrit en anglais, en lettres rouges sur fond ocre : « Nous ne louons pas de chambres aux comédiens ».

Lors de mon tout premier dîner chez Marlène, presque trente ans plus tôt, mon attention avait été retenue par cette enseigne dont la présence dans l'appartement d'une actrice de cinéma me paraissait si saugrenue. Je lui en avais fait la remarque.

— C'est étonnant que vous ayez relevé cela, m'avait-elle répondu. En général, les gens s'attardent surtout sur les portraits. Vous êtes la première personne à remarquer cette pancarte. Elle en signifie, des choses !

Peut-être signifiait-elle, avant tout, que les comédiens n'étaient pas des gens comme les autres, et les stars encore moins. Peut-être était-elle symbolique du destin de Marlène : une femme qui, pour cinq ans de collaboration avec un cinéaste génial, s'était vue élevée au rang de mythe et exclue à jamais d'une vie « normale ». Cette gloire extraordinaire avait failli la broyer, elle n'en avait réchappé qu'en choisissant de s'enfermer.

On a tous en tête ces stars désenchantées qui ont confié dans leurs Mémoires : « J'aurais bien arrêté le cinéma, mais je ne savais rien faire d'autre. » L'enseigne rouge et or me rappelait ainsi une phrase qui revenait souvent dans la bouche de Marlène, avec une humilité un peu feinte mais aussi ce regret sincère d'une vie différente, ou simplement diverse :

— Je n'ai été qu'une actrice...

***

J'ai ôté de mon trousseau la clé du 12, avenue Montaigne, l'appartement où habitait Marlène Dietrich. Une page est tournée. Aujourd'hui, lorsque je me sens gagné par une mélancolie trop « schmatzy » au goût de Marlène, au moment où d'autres amis chers s'apprêtent à me quitter, à me manquer, je me souviens des paroles qu'elle m'avait dites un jour :

— Vous avez perdu votre mère, Louis, et je vais mourir bientôt, comme vous mourrez aussi. On nous regrettera ou on ne nous regrettera pas, cela n'a aucune importance. Ne pleurez pas sur le passé : les gens entrent dans notre vie, ils font un bout de chemin avec nous, mais ils finissent toujours par s'en aller, il ne faut pas leur en vouloir... Vous savez, ainsi va l'existence : étoiles ou poussières d'étoiles, nous ne sommes, les uns et les autres, que des êtres humains.

TABLE DES MATIÈRES

Photos hors-texte :

• Photos extraites de la collection
privée de Monsieur Louis Bozon.
Droits réservés
— 1er cahier —
photos : 1, 3, 5, 6, 7, 8, 10, 11
— 2e cahier —
photos : 1, 2, 4, 5, 6, 10, 11, 12, 13, 14.

• Photos Sipa press
— 1er cahier —
photos : 2, 9
— 2e cahier —
photos : 3, 7, 8, 9.

• Lettres manuscrites de Madame Marlène Dietrich,
propriété de Monsieur Louis Bozon.

Directeurs littéraires
Huguette Maure
Olivier de Broca

Directeur artistique
Pascal Vandeputte

Attachées de presse
Nathalie Ladurantie
Myriam Saïd-Errahmani

Composition réalisée
par C.M.L., Montrouge

Impression réalisée sur CAMERON par
BRODARD ET TAUPIN
La Flèche

pour le compte des Éditions Michel Lafon
en octobre 1992

Imprimé en France
Dépôt légal : octobre 1992
N° d'édition : 1029 – N° d'impression : 1714F-5
ISBN : 2-908-65224-2
50-10-1023-01